20 世纪中国图书馆学文库·78

怎样利用
大学图书馆

于湖滨 董新华 川中 编著

囻 国家圖書館出版社

本书据浙江大学出版社 1993 年 8 月第 1 版排印

前　言

图书馆是知识的宝库,信息的中心,是一个国家和地区文明程度的标志。一个大学图书馆的规模则更鲜明地代表了一所大学的学术水平。而有不少读者对大学图书馆的认识处于模糊状态,尤其是进大学时间不长的学生,对如何使用图书馆缺乏必要的知识,往往不能顺利地、有效地利用图书馆。根据我们的长期观察,发现一些读者来到图书馆,面对浩瀚的书海,常常显得一筹莫展,不知从何着手;或者要花很长时间才能找到一点有用的资料,有力不从心之感。在科学技术突飞猛进、书刊资料"泛滥"的今天,他们为自己缺乏有关利用图书馆基本知识而显得十分着急,迫切期待能有一本系统介绍图书馆知识的入门读物,以便学习参考。

近几年来,国内已有不少大专院校针对上述情况为学生开设了文献检索课和怎样利用图书馆一类的必修课、选修课以及讲座。然而到目前为止,国内较为系统地介绍如何使用图书馆的基础读物只有屈指可数的几种,适合普通大学生要求的就更少见。为此,我校不少师生曾几次希望我们图书馆工作人员能为他们编写一本入门书,帮助他们学会利用图书馆。在师生们的多次鞭策和鼓励下,我们将平时收集积累的一些资料整理编写成这本书。在以前的7年时间里,先以油印本形式,后用铅印,每年印刷一次,供新入学的大学生参考,反应较好,本版是在原有基础上作了大量的补充和修改,以求能对读者有更大的帮助。

图书馆知识涉及面很广,不可能在一本书中面面俱到地说得十分详细,本书仅围绕"如何有效地利用图书馆"这个主题展开阐述,以求能成为广大读者了解和利用图书馆的基础读物,同时也希望能成为由其他领域转入图书馆工作的管理人员学习图书馆业务知识的入门读物。

　　本书叙述简练通俗,尽量为读者解决一些实际问题,但是由于我们水平有限,肯定会存在不当之处,恳请广大读者不吝批评指正。

编者

1993 年 1 月

目　录

第一章 引 论

"图书馆"一词对很多人来说既熟悉又陌生。

什么是图书馆?

根据《辞海》(1989 年版)的解释:它是搜集、整理、收藏和流通图书资料,以供读者进行学习和参考研究的文化机构。

按照《不列颠百科全书》的解释:图书馆是把很多书收藏在一起,其目的是为了阅读、研究或参考。

本书给图书馆下的定义是:图书馆是保存和传播文化科学知识的重要场所,它是用书刊资料作为工作内容的部门,是文明社会的一个有机组成部分。

图书馆作为社会的一个组成部分,势必有其一定的社会职能,概括起来主要有如下两点:

1. 保存人类科技文化遗产

自有文字记载以来,各类图书资料记载着古往今来人类历史的发展和演变,记载着人类认识自然界、征服自然界的手段和进程。人们借助于图书资料,继承着前人在实践中积累起来的丰富知识,帮助人们认识世界、改造世界。图书馆是作为保存科技文化财富的机构而存在的,它有责任需要经常地、尽可能全面地收集、积累、整理、保存本国的以及其他国家的文化典籍、科学著作以及一切有价值的图书资料。

2. 传递科技文化信息

图书馆收藏着大量的图书资料,它是汇集科技文化最新成就的信息基地,也是组织利用世界科技文化文献的基地。图书馆有积极传递,并使之广泛利用文献的职能。目前世界各国之间的竞争,归根结底是科学技术的竞争,是新的科技成果向生产领域转移的深度、广度和速度的竞争,而蕴藏在图书资料里的丰富材料,是发展科学技术的重要资源。传递科技文化信息是图书馆的另一重要的社会职能。

众所周知,科学研究具有明显的继承性和互补性,后一代人的研究要以前一代人已经达到的终点为起点,充实和补充前一代人已取得的成果并不断使之完善;同时代的人,也需要经常进行科技交流,以便相互学习、相互启发、相互补充。"科学劳动部分地以今人的协作为条件,部分地又以对前人劳动的利用为条件。"这里所说的"前人劳动",包含着过去出版和累积起来的书刊资料中所反映的科技知识。"今人协作",其中一种特殊方式就是图书信息工作。任何一个做学问者都必须从收集、掌握、熟悉图书资料开始。要掌握前人已经取得的成果,要了解国内外科技发展现状和今后的趋势,以便在前人研究成果的基础上,提出新问题,作出新概念,取得新发展,获得新结论,就必须从已知图书资料中去学习、消化,用于开阔眼界,扩展思路,受到启示。所以,任何科学技术的发展都离不开图书资料,它是科学研究的基础,科技前进的阶梯,也是加速科技发展的重要因素。

历史也完全证明,科研工作的开展和科研成果的取得,从来都离不开图书文献资料。例如,马克思写作《资本论》时,曾在英国博物院图书馆查阅了大量的图书资料;哥白尼创立"日心说",不仅由于他进行了认真的天文观察。还由于他阅读了图书馆收藏的各种天文学和数学著作,利用前人积累下来的丰富的天文观察资料,据此进行了大量的数学计算和科学研究而写出《天体运行论》

2

这一部划时代的著作。反之，如果不注意利用现有的图书资料，不掌握情况，就盲目进行研究，不是重蹈覆辙，遭到失败，就是重复劳动，造成人力、物力、财力和时间的严重浪费，给科研工作带来很大损失。这样的教训，国内外也不少见。

收藏在图书馆里的图书资料不仅对社会进步和科技发展有着重要的作用，而且对一般群众，尤其是青年学生的启蒙教育和文化素质的提高有着其他形式所不能代替的功效。图书馆的藏书包括了各个知识门类，涉及的范围极为广泛，从而有可能满足各类读者的各种阅读需求。图书馆不仅可以为初学者提供大量的阅读材料，还可以为已经入门者的进一步提高展示出丰富的参考文献，尤其是高校图书馆，它一方面紧密配合学校的教学活动，为学生提供各种教学参考资料，另一方面也向已经走上工作岗位的各类读者敞开大门，可以使他们一边工作，一边在图书馆里进行自学、进修，借助图书馆的丰富藏书、各类参考工具资料以及各种有利条件，提高自身的能力，使广大读者获得新知识，研究新问题，深化和扩大自己的科技文化知识。

图书资料不但有助于青年学生学习各种专业知识，而且对他们的世界观的确立、对陶冶心灵、培养高尚的情操和道德品质、对文化素质的提高和思维能力的增强都会有很大的作用和影响。尤其在当前科学技术发展迅猛的时代，知识更新越来越快，信息量以极快的速度猛增，以致有人用"信息爆炸"这样的词语来形容这种惊人的增长。人们要赶上时代的步伐，就不能没有书刊资料，离开了书刊资料，人们就只能局限于直接了解自己周围的人、事、物，知识领域必将大大地缩小，科学技术必将发展缓慢，人们的生活必将变得枯燥无味。因此书刊资料已被人们誉为人类知识的源泉，文明生活的向导，诲人不倦的良师，人类认识客观世界和改造客观世界的"耳目"和"参谋"。

大学生进校学习，听老师上课，是知识来源的一个方面，利用图书馆的书刊资料是知识来源的另一方面,它能巩固和扩大老师的教学内容。有人说:"老师讲课是解决学生的知识共性问题,而图书馆是为学生发展知识个性提供场所。""教师多半是指引你求知方向和路径,真正研究学问还得借助于图书馆。"由此可见,图书馆对大学生是何等的重要。然而,书刊资料形式多样,品种繁杂,面对图书馆内浩如烟海的知识海洋,如何着手寻找自己需要的资料呢?如何才能迅速有效地查到针对性强、有参考价值的资料呢?不说初入学的大学生走进图书馆会不知所措,即使大学毕业了还不会很好地利用图书馆的也大有人在。这就需要我们学习和熟悉图书馆的基本知识,学会利用图书馆。

古往今来,利用图书馆成才者不知其数,利用图书馆做学问者更难以统计。尤其在今天,人类已进入信息社会,文献量的激增迫使我们要自觉地进行知识更新,这也需要我们了解图书馆,熟悉图书馆,及学会利用图书馆。学会利用图书馆不但对一个大学生的学习十分重要和十分现实,而且将受益终生。

要利用图书馆,首先要了解书刊资料有哪些类型,以及它们的特征和用途;也要了解书刊资料本身许多新的情况,如文献的分布趋于相对集中而又相对离散的情况,文献的老化周期渐趋缩短,内容的重复交叉日益严重等情况,这是有效地利用书刊资料的重要前提。

要利用图书馆,还要熟悉图书馆的一套科学管理方法,了解图书馆的组织体制,图书分类法和主题法,目录组织,书刊排架方法等,了解查找书目的方法。因为图书馆收藏着数十万册,甚至数百万册书刊资料,如果没有一套科学的方法来加以整理与组织,就无法加于利用。这是帮助读者有效地利用图书馆的基础工作。

要利用图书馆,还应该学会利用检索性书刊来查找文献资料。在科学技术迅速发展,文献数量日益增多的今天,如果不会利用现有的检索工具来查找资料,仅仅靠一本本,甚至一页页地浏览,想要全面而正确地在原始文献中找到有用的材料,那就好比大海捞针,将无法获得满意的效果。快捷、准确地查找资料,也是读者有效地利用图书馆的重要技巧。

要利用图书馆,也要学会利用参考工具书来解决学习和科研工作中碰到的某些疑难问题。像百科全书、词典、手册、指南、传记资料、地理资料之类的工具书是某一方面知识的汇集,它们能解答问题、提供资料的线索,是我们治学时的顾问和助手,也是读者能否有效地利用图书馆的一个重要方面。

对于上述几方面有关利用图书馆的问题,在本书中将一一加于介绍。此外,本书还专门用一个章节介绍了治学方法和撰写论文的步骤,这对年轻的大学生无疑是十分有益的。

人们常称图书馆是人类知识的宝库,是大学的心脏。因此,一个经常出入于图书馆并能善于利用图书馆的大学生,必定基础扎实、知识广博。德国柏林图书馆门前刻着这样一行金字:"这里是人类知识的宝库,如果你掌握它的钥匙的话,那么全部知识都是你的。"

第二章　大学图书馆概述

第一节　大学图书馆的作用和任务

　　大学图书馆历来在高等教育中所起的作用都相当重要。当今它与师资队伍、实验室一起，已构成办大学的必不可少的三大支柱。它对学校的教学质量和科研水平起着非常重要的作用。

　　大学图书馆，与其他类型的图书馆一样，有其自身的特点。从中世纪开始，大学图书馆因教学的需要在欧洲产生以来，就具有一个显著特点，即开始注重于利用图书。如果说中世纪的其他图书馆多年来保存了人类知识，那么，大学图书馆就是开始使用了知识，并使这些知识不断得到更新和增殖。时至今日，现代大学图书馆在更有力地促进知识的成长。随着社会的发展与科技的进步，现代高等教育事业的发达与否将在很大程度上决定其国力的强弱，社会兴衰。发展高等教育事业，培养高质量人才，在增强综合国力中具有突出的战略地位，当代国际竞争是综合国力之争，归根到底是人才的竞争。一个国家的高等教育如果是紧密跟踪世界最新科学技术，用最新的科技成果更新教学内容，更新技术，促进科技进步，这个国家就能在未来的国际竞争中处于优势地位。要使高等教育面向未来的世界，必须十分重视直接影响高等教育事业发展的大学图书馆，大学图书馆必须掌握时代的脉搏，传播最新知识，在开展教学和科研工作中，要为创造新知识，推出新成果，培养各种高级专门人才发挥作用,成为高等教育走向世界先进行列的后盾。

目前,我国大学图书馆事业发展很快,900多所大学图书馆都有相当的规模,藏书量超过100万册的大学图书馆已为数不少。藏书质量普遍较高,收藏范围紧密结合学校的专业设置、培养目标和科研项目,并且比较系统和完善,能基本满足学校教师和学生教学用书的需要。同时,我国大学图书馆很重视外文书刊和各类型文献的收藏,能及时反映出世界上最新的科研成果和学术水平以及各方面的新动向,为推进我国大学教学和科研工作走向世界先进行列提供最新信息,发挥现代大学图书馆尖兵、参谋的情报职能。

为了适应时代的要求,国家教委于1987年颁发《普通高等学校图书馆规程》,要求加强高等学校图书馆的教育职能和情报职能,努力培养师生的情报意识和利用文献情报的技能,让大学生能正确地使用当代大学图书馆,提高对各种信息的吸收、选择和综合的能力。现代高等教育注重培养学生的自学和独立研究能力,大学图书馆针对教学的这一特点,努力使图书馆成为课堂教学的重要补充和深化,成为学校施教的重要场所。学生课后到图书馆可以广泛阅读相关的教材和参考书。为此,大学图书馆为师生开辟教学参考书阅览室、工具书阅览室、文献检索工具阅览室,专业期刊阅览室等等。同时对读者进行利用图书馆的指导和教育,许多图书馆对新生进行怎样利用图书馆的初步教育,对高年级学生开设文献检索课程,以培养学生的情报意识和使用文献的技能。国外大学图书馆也普遍重视对读者进行图书馆基本知识教育,例如美国大学在低年级和高年级课程中,分别设置如何利用图书馆Ⅰ、Ⅱ两门选修课,由于这种课程相当实用而又容易获得学分,选修的学生很多。

综上所述,现代高等学校图书馆为师生提供各类型的文献,指导师生有效地利用图书馆。为学生拓宽知识面,进行综合教育;为教师更新知识,使教师能够经常摸到世界科学技术发展的脉搏,充分利用和吸收人类文明成果,站在巨人的肩上,高瞻远瞩推进教学和科研工作的进一步开展。同时,大学图书馆采取各种宣传形式,密切配合学校对学生进行马克思主义理论教育,党的路线方针政策教育,爱国主义、国际主义教育和革命传统教育,理想道德和法制教育,为培养建设有中国特色的社会主义现代化人才,具有理想、有道德、有文化、有纪律的德才兼备的人才,为发展现代教育科学文化事业作出贡献。

第二节　大学图书馆的组织机构

大学图书馆的组织机构通常是根据其工作内容和馆舍条件而设置的,尽管各馆情况不尽相同,机构设置有粗有细,各部门包含的工作内容有多有少,名称叫法也会有所不同,但一般的设置为:馆长1人,通常由大学教授担任,副馆长或馆长助理若干人。下设办公室、采访部、编目部、流通部、阅览部、期刊部、参考咨询与情报服务部、技术服务部、特种文献部等。各机构的主要职能简介如下:

1.办公室:协助馆长进行日常业务、行政管理。如做好人事工作和业务统计;接待来访;搞好后勤保障,包括财务管理、物资供应、设备添置、房产维修等工作。

2.采访部:主要从事图书、期刊(包括非书资料等各类型文献)的征集、采购和交换、验收、登录等工作。

3.编目部:负责各文种图书及非书资料(包括视听、缩微等)的分类、编目,组织供检索的各种目录,负责新书通报和专题目录的编辑。

4.期刊部:负责中、外文期刊、报纸的登到、装订、典藏、组织目录、阅览、外借等工作。

5. 流通阅览部(或流通部):主要开展图书的典藏、外借、阅览和书库管理、馆际互借、宣传辅导等读者服务工作。

6. 技术服务部:为师生员工提供各种形式的复印、复录;缩微资料阅读及放大复印等服务;积极开展计算机技术在图书馆各业务领域中的应用。

7. 参考咨询与情报部:辅导读者利用目录、检索工具和参考工具书;为教师开展定题服务,编制各种专题文献目录。为低年级学生开设"怎样利用图书馆"的课程或讲座,为高年级学生及研究生开设文献检索课。

8. 特种文献部:收藏、整理与学校专业有关的各种科技报告、专利文献、学位论文、标准规范、内部资料等各类特种文献,编制各种专题目录。

大学图书馆是学校的文献情服中心,许多大学在各系均设有资料室,与图书馆共同承担为全校教学和科研提供文献资料的任务。为充分发挥当代高校图书馆的教育职能和情报职能,学校成立图书情报委员会,其成员由馆长和系主任推荐,提请校(院)长聘任组成。学校主管图书情报工作的校长担任主任委员。图书馆馆长担任副主任委员,该机构定期召开会议,听取馆长的工作报告,审议图书馆的年度计划,反映师生对图书馆工作和系资料室工作的意见和要求,讨论学校图书情报工作中的重大问题,向校领导提出改进图书情报工作的建议。

第三节　大学图书馆的读者服务工作

大学图书馆最重要的职能就是要满足广大师生对文献的需求,为广大师生在图书馆能够接触知识、获取知识、吸收知识提供良好的服务。近几年来,我国大学图书馆运用各种途径和方法,不断适应时代的要求,开展新的服务领域。概括起来所开展的读者服务项目主要有:外借和阅览、参考咨询与情报服务、技术服务等。下面简单地介绍这几项服务工作。

一、外借和阅览

1. 外借

外借是图书馆最基本的服务方式。我国大学图书馆的外借一般又分为开架制和闭架制两种形式,而国外大多数大学图书馆都实行开架借阅的服务方式。

所谓开架制,就是读者可以进书库在书架任意选取自己需要的图书,然后到出纳台办理外借手续。开架制的最大优点是使读者直接接触图书,随意浏览并挑选自己需要的图书,从而克服了单凭目录卡上的著录内容来选择图书的局限性,大大方便了读者。

所谓闭架制,即读者不能自己进书库去挑选图书,必须先查目录,在且录内选出自己需要的图书,再在"索书单"上填写:索书号、著者、书名等事项,交给出纳台的工作人员,由工作人员凭索书号到书库内取出图书,然后再办理外借手续。

不管是开架制还是闭架制,读者如果需要外借图书,都要到出纳台办理外借手续。外借手续有传统和现代两种方式。传统的外借手续要求读者从图书后封页里的书袋中抽出书根卡,再在书根卡上填写好借书证号、姓名、联系地址,同时在借书证上填写好需借图书的索书号和财产登录号,然后一并交工作人员验准盖章后,才算办好外借手续,花费时间较长。现代方式是利用计算机和光电扫描系统完成,读者只要将标有条形码(条形码是由粗细不同、间隙宽窄不一的黑线条代替阿拉伯数字 0 ~ 9 的一种代码,在图书馆里贴在借书证上表示借书证号;贴在书上表示一本图书的登录号)的借书证和需借图书交给工作人员,工作人员先在借书证上用光笔扫描,在计算机终端上就显示出你的借书记录,如果你已借满规定的图书册数或有图书过期未还,计算机会自动拒绝你借书,如果计算机允许你借书,那么在贴有条形码的图书上用光笔扫一下描,计算机就自动存贮了这条借书记录,借书手续就算完成,还书时同样只要在图书的条形码上划一下,所还图书的纪录就消掉了,这种计算机光笔系统办理外借手续的方式,快捷、方便,已在我国不少高校图书馆实行了。

2. 阅览

阅览也是图书馆的主要服务方式。大学图书馆根据服务对象、专业设置和文献类型开辟各种阅览室,如:教师阅览室、学生阅览室、教学参考书阅览室、文科阅览室、理科阅览室、工具书阅览室、文献检索工具阅览室、报刊阅览室、特种文献阅览室⋯⋯等等。各阅览室按照不同的需求和任务,陈列不同的文献资料和参考工具书,阅览室内一般实行开架阅览,所有阅览室的藏书通常以室内阅览为主,少数可短期外借。

二、参考咨询服务

读者在使用图书馆的过程中,会碰到各种各样的疑难问题,诸如要查找一本特定的图书,要索取一篇期刊论文、或要了解某个人的生平事迹等,均可请求图书馆工作人员帮助,而图书馆工作人员一般也乐于帮助读者解决这些疑难问题。这种帮助读者解决问题的工作,实际上就是外借和阅览工作的发展和深化,我们通常把这项工作叫做参考咨询服务。

很显然,大学图书馆的参考咨询服务是一项不可缺少的高层次读者服务工作,其目的是帮助读者学会使用图书馆,它的服务内容按传统习惯包括查目咨询、文献检索咨询和知识条目咨询。许多大学图书馆通常专门设立参考咨询部门或委派专人负责这些服务工作。在图书馆的目录厅、文献检索室、工具书阅览室或比较显眼的公共场所专门设立咨询服务台,从事口头的、书面的甚至电话的咨询工作。目前已进一步扩大了范围,包括对大学生开设"如何利用图书馆"和"文献检索"课程或讲座。编制各种专题索引、联合目录,为科研人员开展定题情报服务、最新目次服务、代查文献服务等。

三、技术服务

随着科学技术的发展,文献类型已从单一的传统的印刷型发展到目前的印刷型、视听型、缩微型、机读型并存,图书馆的收藏范围和技术设备也随之扩大和发展。由于对于视听型、缩微型、机读型文献的阅读需借助于技术设备,所以我们通常把这类服务项目叫技术服务。大学图书馆的技术服务通常包括:计算机查目和联机文献检索、视听服务及复录复印和缩微服务三大项。在我国,计算机在图书馆中的应用刚刚起步,除个别图书馆已有计算机查目和国际终端可进行联机检索外,多数还没有这个水平。视听资料服务及复录复印服务包括:提供视听资料和设备供观看和学习、磁带复录磁盘拷贝、文献资料的复录像带复录印胶印、照相等。缩微服务主要是对各类文献的缩微复制和放大、缩微的阅读等。复录复印和缩微服务在我国大学图书馆已开始普及。

四、馆际互借服务

所谓馆际互借,是指预先签订馆际互借协定的双方图书馆,向对方图书馆去借本馆未收藏的书刊资料,然后提供给读者的一种服务方式。实际上,这项服务工作是借助其他图书馆的藏书来满足本馆读者的需要。

当前,我国大学图书馆所开展的这些服务项目,再根据不同层次的需求,一般设置有:学生阅览室、教学参考书阅览室、教师阅览室、普通报刊阅览室、工具书阅览室、检索工具阅览室、专利标准阅览室、视听阅览室、复印复录等技术服务,各馆根据不同的规模和专业设置略有不同。

第四节　大学图书馆的读者服务规程

　　大学图书馆为了给教学和科研工作提供更好的服务,都制订了一整套适合各馆馆舍条件、藏书特点的读者服务规程。以保证图书馆的正常和有效地运行。读者要利用图书馆的馆藏文献,不仅要了解图书馆馆藏文献的组织其检索方法,还应了解如何借阅图书馆馆藏基本常识,诸如:如何办理借阅证,书刊如何借还,借书逾期如何处理,遗失、损坏书刊怎么处理等等。图书馆对这一些问题有哪些规章制度。读者一进图书馆,首先遇到的就是这样的问题,图书馆的服务范围、标准、对象、方法以及读者利用图书馆的权利和义务是什么?

　　图书馆的规章制度是为了调整人与人,人与书刊之间的关系。在一定范围内表现为法律规范、道德规范、公共生活准则等的社会规范,具有强大的约束力。它包括图书馆的行政管理规范、各项业务工作操作规则、读者服务规程。读者服务规程是为了调整图书馆与读者、图书馆工作人员与图书、图书馆读者与图书之间制订的一种正常而必须履行的规范。这种规范对图书馆本身和图书馆的读者都具有约束性。例如图书馆所制订的开放时间必须严格遵守,对读者的约束性首先表现为,没有借阅证就不能借阅。对图书馆工作人员来讲,应该照章办事,读者可以借阅的图书,不能无故不予借阅,也就是说读者应该享受的权利和义务,任何人不得侵犯。因此,图书馆的服务规程是协调图书馆与读者之间的一种工作规范。具体地说,大学图书馆的服务规程有两个作用,一是保证书刊流通借阅、参考咨询、情报服务、技术服务等各部门服务工作有条不紊地正常运行;二是协调图书馆与读者之间服务育人、通力合作的关系。

总之,其目的是让大学图书馆正常发挥教育职能、服务职能和情报信息职能,促进教育科研的发展。读者只要遵循图书馆的服务规程,就可以得心应手、方便自如地借阅各类型文献,而不至于处处碰壁。下面以浙江大学图书馆的部分读者服务规程为例,向读者作些介绍。虽然各馆情况有所不同,但服务规程基本上大同小异。

一、关于办理借阅证

(一)借书证的发放

1. 本校正式在编的教职员工(含离休干部)和经正式入学注册的全日制学生是本馆的当然读者,凭工作证或学生证(或进修生报到单)核对名单后发给借书证。

2. 学校聘请的外籍教师和客座教授等人员凭有关部,处,系主管负责人签字的介绍信发给借书证。

3. 其他各类人员的发证事宜,各按有关办法另行处理。

4. 具有双重身份者不重复发给借书证。

(二)借书证的使用

1. 读者一般拥有两只借书证——传统的本子式借书证和电脑借书 ID 卡(Identiticationcard)。两种借书证的使用范围视流通自动化工作的进展情况另作规定。

2. 借书征仅限本人使用,不得转借,如发现用他人的借书证借书,工作人员有权扣押借书证,由读者本人领回,转借借书证给他人借书者,应对所借书刊负责。

3. 借书证应妥加爱护,不得涂改、撕页。借书证如无照片,缺页,涂改证号或姓名以及 ID 卡条形码处剪角,均属无效,不得使用。

4. 读者离校前须验缴借书证,办理离校手续,无证离校者须交罚款费 2.00 元。

(三)借书证的挂失和补发

1. 传统借书证的挂失和补发

（1）如借书证确已遗失，要求挂失补发，须将所借书刊全部还到原借处，如有不实之处，责任概由挂失者承担。

（2）不论有否借过书刊，均须到本馆各书刊借阅处签章挂失，而后将挂失单剪裁下来送交中心书库办事台备案，并缴挂失手续费 0.50 元。

（3）自挂失备案之日起一个月后，凭补证申请单，本人学生证（工作证）和照片补发借书证，并交纳补证费 2.00 元。第二次挂失须交纳 4.00 元。补证不得超过两次。

（4）如挂失后又找到了借书证，须持补证申请单到中心书库办事台销号，恢复原证的使用权，并换取挂失单，凭挂失还书记录到有关书库补办还书盖章手续。

（5）如补证后又找到了原借书证，须将原证缴到办事台，补证作换证处理，但恕不退款，如发现仍用原证借书者，作有意偷书论处，按窃书处罚规定严肃处理。

（6）如借书证严重损坏，或者借书证上有借书记录之可能的页数缺页或污损，导致借还书记录不清楚，以及其他原因造成的借书证失效，均应停止借书，持证者应办挂失手续，交回失效的借书证，申请立即补发，补证费同本条第（3）款的规定。

2. ID 卡的挂失和补发

（1）ID 卡的挂失在中心书库办事台处理；

（2）用 ID 卡所借的书刊未还清者不予挂失；

（3）ID 卡挂失后即告永久失效，不能撤销挂失，恢复使用效力；

（4）ID 卡自持失之日起半个月后补发，每补一次收费 3.00 元，余同传统证。

（四）借书证的换发

1. 传统式借书证凡属正常的页数用完者，可凭有关库室签章，证明书刊已还清，可予以换发新证。

2.传统式借书证因非正常原因而要求换发新证者,在各库室签章证明其书刊均已还清的条件下,也可以换发新证,但须交纳换证费 1.00 元。

3. ID 卡原则上只有初级职称的教职员工晋升中,高级职称者方可换发新证(由黄色 ID 卡换成红色 ID 卡),晋升职称的换证凭校人事处的有关文件统一办理。

二、办理借阅证后,要知道如何借还图书

(一)本馆图书一律凭本馆读者本人的有效借书证借阅。

(二)外借图书的册数和期限。

1.中心书库首先实行图书流通自动化管理,在过渡时期,各类读者的借书册数和借书地点暂规定如下:

读者类别	中心书库 (使用 ID 卡)	文艺书库 (使用传统式借书证)
教师,专业技术人员研究生,双学位学生混合班学生	10 册	1 册
3～5 年级学生	7 册	(含文艺书 1 册)
1～2 年级学生	5 册	(含文艺书 1 册)
干部职工	5 册	1 册
夜大学生	3 册	/
临时读者 (包括退休人员等)	3～10 册	1 册

2.借书期限:中文文艺书一个月;其他图书两个月,图书必须按期归还,概不续借,只要有一册图书逾期一天未还,即行停借。

3.图书逾期归还,一律以册为单位执行罚款,逾期 1～5 天为特殊情况"缓冲"期,不予罚款;逾期 6 天罚款 0.10 元,递增一天,罚款递增 0.05 元。罚款以人民币"0.10 元"为基本计算单位。

(三)在阅览室借阅图书的册数和期限按各阅览室规则办理。

（四）具有高级职称的读者可以在中心书库预约图书，但最多只能预约两册，预约借书通知单发出之日起十天内不来借书，作自动放弃处理。

（五）具有高，中级职称的读者（包括博士研究生）可以申请馆际互借，向有关馆借阅本馆缺藏的必用图书（详见"馆际互借办法"）。

（六）读者必须十分爱护图书，珍惜国家的图书文献资源，保证学校教学科研任务的完成。遗失和污损图书按"图书赔罚办法"处理，偷窃或变相偷窃图书按"窃书处理办法"严肃处理。

（七）读者进入开架书库必须自觉遵守下列规定：

1. 不得携带书包，雨具，私人书刊和不准备归还的图书以及其他物品入库。

2. 凭本人借书证在入库处验证后换取书位牌入库，出库时凭书位牌换回借书证。

3. 在书架上选取图书时，必须利用书位牌定位，不要借的书要插回原位，在不能插回原位的情况下，应将不借的图书放到规定的专架上，严禁随意插乱放图书，以免搞乱图书的排列秩序，影响广大读者查找和利用图书。

4. 书库内严禁吸烟，吐痰，不准吃零食，要遵守一切公共道德，保证书库的安全，卫生和安静。

违反上述规定又不听从管理人员劝告者，视情节轻重，给予必要的处理。

除了单本书库即教师阅览室外，期刊阅览室和其他阅览室凭本人的借书证就可进入室内阅览。对于近几年的科技期刊，学生只能在室内阅览，教师可借 3 册，借期为 3 天。对于过刊与现刊复本，师生每人借 2 册，借期 14 天。

进入开架书库借阅图书，读者应将借书证交给工作人员，换取书位牌，方可挑选图书。在开架书库挑选图书时，应注意发挥书位牌的作用。书位牌起着图书在书架上位置的作用。当从书架上取下一本书时,必须将书位牌插进那本书在书架上的位置,以便将该书放在原次序。

借阅闭架书库的图书,读者应先通过图书馆目录,查到所需图书的索书号,填写索书单交给工作人员去提书。

在用传统方式办理借还手续时,读者在借书证上要填写好所借图书的索书号和登录号在书根卡上要填写好借书证号、姓名和联系地址。

三、关于书刊赔偿办法

图书馆藏书是国家的文献信息资源,是学校教学和科研工作的重要物质基础。广大读者应深明藏书的特殊价值,自觉爱护图书,为了最大限度地减少藏书的损失,特制定本办法。

(一)丢失图书的赔罚。

1. 丢失本馆图书,应以完全相同的同版新书(或经同意后用新版书)抵赔,并缴付新书加工手续费 0.20 元。

2. 如无法以新书抵赔,丢失的图书借期已超过 20 天仍未找到,可办理赔罚手续,赔罚款以原书价的倍数计算,具体规定如下:

文别	版 别	单本书库图书	其他库(室)图书	
中文	一般	5 倍	早期书(登记号 < 15000000)	3 倍
			新版书(登记号 ≥ 150000)	2 倍
西文	港澳台版书	3 倍	3 倍	
	影印版	5 倍	早期书(登记号 < 990000)	
			新版书(登记号 ≥ 990000)	
	原版	2 倍	2 倍	

文别	版　别	单本书库图书	其他库(室)图书
日文	影印版	5 倍	同中文书
	原版	3 倍	3 倍
俄文	影印版	5 倍	同西文书
	原版	3 倍	3 倍

附则：

（1）工具书和有重要学术研究或参考价值的书，复本在 3 册以下（含 3 册）的，再加 1、2 倍赔罚，珍本善本另定。

（2）新书的第一读者赔书另加 0.5 倍。

（3）多卷书丢失其中一卷（册），一般图书以该卷（册）的原价或以全卷总价折算的单价计赔，重要文献得以全卷计赔。

（4）通过流通自动化系统出借的图书，原则上一概以办事台（咨询台）终端显示的书价为计赔原价，以三倍为计赔基数，参照附则（1）——（3）条的规定赔罚。

3. 读者赔书须到原借书处以借书证换取丢失图书的书卡，到中心书库办事台办理赔书手续，再凭收据到原借书处领回借书证，注销所赔之书；通过流通自动化系统出借的图书，直接到办事台赔偿和注销。

4. 读者如果找到了已赔偿的原书，可在一个月内持收据办理还书退款手续，办理还书退款手续须缴逾期费和手续费 1.00 元，超过一个月的，每超过 1~10 天加收逾期费 0.40 元。已用新书抵赔的不能退还。

（二）污损图书的赔罚：

1. 一般图书每污损（包括划线，写字，撕破，污迹等等，下同）1~5 页罚款 0.40 元，以被污损图书的原价为上限，可以揩擦的由污损者揩擦复原后减半罚款。

2. 撕割图书内容等破坏行为（包括误破而导致内容残缺者），

每1~2页(即一张)罚款2.00元,没有上限,并如数赔偿复印费和装订费(平装0.40元,半精装1.20元,精装2.40元),情节严重者,除作检讨外,将向有关单位报告。

3. 污损,撕割原版图书,珍书善本图书或单本书库的任何图书,以上述两条的规定处以三倍的罚款和复印费,没有上限,且加赔装订费,情节严重者,除作检讨外,也将向有关单位报告。

4. 污损封面封底情节一般者,计入污损页数,污损较严重而必须重新装订修缮者,再加赔装订费。

5. 污损或破坏条形码(计算机识别码)者,每条一律罚款5.00元。

(三)因教学需要须借用本馆图书拆开扫描复制,须经领导同意,用毕按原规格重新装订归还,并向本馆提供复制品三册。

附:窃书处理办法:

1. 未办借书手续而将图书带出库(室)外,或在书库(阅览室)内将图书藏匿于身上或转移到库(室)外,一经发现,即作窃书论处。

2. 对窃书者作如下处理:

(1)严肃批评教育,责令其写出一份深刻的书面检讨。

(2)处以被窃图书总价10倍的罚款(不足20元的罚20元)。偷窃单本书库的书再加倍罚款。

(3)报告有关单位领导。

(4)情节严重或态度恶劣者,由本馆公开通报批评。

(5)必要时报告安全保卫部门查处。

3. 有下列情况之一者,原则上也作窃书论处:

(1)盗用他人借书证借书,将图书据为己有。

(2)用已挂失的借书证不借书,达到归还图书的目的。

(3)"调包"还书,以废换好,以及诸如此类的一切借书和还书的作弊行为。

4. 本办法适用于一切读者,包括本馆所有的工作人员。

四、教师阅览室和学生阅览室的借阅规则

(一)教师阅览室书库借阅规则

1. 单本书库(即教师阅览室书库)是本馆的藏书中心,品种基本齐全,其服务对象主要是本校教师,专业技术人员,研究生和进修生。

2. 本书库的辅助书库向上述读者开架服务,凭本人借书证、签名,押证并领取书位牌入库;外文总书库仅限中级职称以上的上述读者和博士研究生入库。读者入库必须遵守本馆的有关规定(详见"图书借阅和读者入库规定")。

3. 本库藏书原则上供室内押证阅览,下班前归还(博士研究生可当天归还),逾期一个单位时间罚款0.20元。

4. 中级职称以上的读者如有必要,可押证外借外文或港台版图书一册,借期三天(外文小说和俄文图书可借两星期),逾期一天,罚款0.20元。外借图书如有急需,可以随时索回,读者必须立即归还。

5. 不能外借的读者如复印需要,也可押证外借,但归还时必须出示本馆的"资料复制委托单"。

6. 借阅图书一律必须在书卡上填写借书证号,姓名和信箱号码,并押下借书证,其他任何证件不得押证借书。

7. 下列图书仅限库内和规定的地方阅览,不得借出库外:

(1)工具书;

(2)活(散)页书;

(3)画册;

(4)特藏书;

(5)中文图书;

(6)其他不宜携带出库外的图书资料。

（8）内部图书凭有关单位证明，并经馆长同意后方可借阅。

（9）读者必须十分爱护单本书库的宝贵藏书，如有遗失或污损，须按本馆的《图书赔罚办法》处理。

（二）学生参考书阅览室借阅规则

1. 学生参考书阅览室的藏书是本馆各种外借书库的补充，以教学参考书和课外阅读用书为主，其服务对象主要是本校学生。

2. 为保证本校学生的学习和课外阅读，开拓知识的需要，解决外借图书复本不足的困难，本室图书仅供室内阅览或押证外借一天，次日归还（超期一天，罚款0.20元）。

3. 读者一律凭本人借书证领取书位牌入库，必须遵守本馆制定的读者入库的规定（详见《图书借阅和读者入库规定》）。

4. 读者在书架上选择和取阅图书必须利用"书位牌"定位，阅后放回原处，不得乱插乱放，读者出室须将书位牌交到出口处。

5. 外借图书每人限借一册，在出口处凭本人借书证押证借阅，并领取对号牌（如遗失对号牌，须赔0.40元）。艺术类图书和工具书一般不外借。

五、编外及校外读者利用本馆书刊文献暂行规定

现代大学图书馆都在向开放性，多功能方向转变，不可避免地要接待校外的读者，现介绍编外及校外读者利用本馆书刊文献的规定。

1. 凡编外及校外读者来本馆借用或查阅书刊文献，必须持单位介绍信和本人身份证或工作证，先到馆办公室办理借阅证件，不持本馆借阅证件者，各读者服务部门一概不予接待。

2. 编外及校外读者利用本馆书刊文献，应根据利用方式和持续时间适当相应收费，由馆办公室开具收据，收入上缴学校，由学校按政策分成。

3. 本馆对外借阅证分三种，可视需要选择办理：

（1）借书证——期限至少半年，最长三年，可借书，也可阅览；

（2）阅览证——期限一年或半年，仅供阅览；

（3）临时阅览证——供临时查阅本馆书刊文献者使用，每证最多可使用八次（一个单位时间内在一个阅览室内使用为一次计），也可按只使用一次办理。

4.办借书证者需备一寸半身脱帽照片一张，并按规定交押金。各证有效期从办证当日起计时，到时作废，但可以续办。本馆借阅证件仅限本人使用，不得转借他人，遗失不补。

5.持证者在有效期内按单位介绍信证明之职称享受与本馆正式读者同等待遇，也应严格遵守本馆各种规章制度，如有违反，将根据情节轻重给予批评，警告，罚款以至吊销借阅证件的处理。

6.持阅览证（包括临时阅览证）者不得把书刊带出室外，更不得带出馆外，如需复制，应在馆内进行，暂借书刊文献复制时要交押身份证或工作证。

7.办证收费标准（略）。

8.本规定如有未尽事宜，由馆领导秉公处置。

如果因教学科研需要借阅本校图书馆没有入藏的书刊，可以向图书馆提出申请办理馆际借书。

思考题

1.当代大学图书馆的作用和服务方式是什么？

2.如何办理借阅证？

3.怎样办理书刊借还手续？

4.借书证遗失了，怎么办？

5.所借图书遗失怎么赔偿？

第三章　图书的类型及特征

第一节　图书的类型

自从发明了纸和印刷术以来,人们把用笔写在纸上或用印刷工具印在纸上的各种记录形式统称为图书。然而现代的记录形式和方法要比以前复杂得多,"图书"这个概念已不能全部概括当前所有出版物,只能作为其中的一种类型而存在。今天,已有人将所有的出版物——书籍、期刊、资料等统称为"文献",给它的定义是:凡是人类的知识,为了保存和传播的方便,用文字、图形、符号、声频、视频等手段记录在一定的物质形式或信息载体上,这些记载人类知识的东西,称为文献。但是,因为人们习惯于把各种类型的出版物称为图书,"图书"这个名称实际上是各种出版物的同义词。

现代出版物数量庞大、品种繁多、类型复杂,根据不同的标准可作不同的划分,现将3种习惯的划分法说明如下:

一、按出版物记录的形式划分

按出版物记录的手段和载体来划分,可分成图3—1所示:

1.印刷型(Printing)　印刷型出版物是一种历史悠久的传统出版物,也是迄今为止最常见的出版物形式。它以纸张为载体,用各种印刷方法,包括手抄、刻印、石印、油印、铅印、胶印、复印等,把

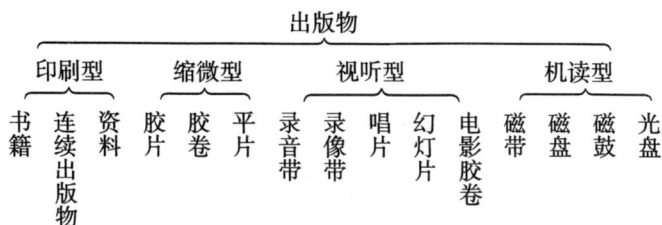

出版物

印刷型　　缩微型　　视听型　　　　机读型

书籍　连续出版物　资料　｜　胶片　胶卷　平片　｜　录音带　录像带　唱片　幻灯片　电影胶卷　｜　磁带　磁盘　磁鼓　光盘

图 3—1

人类知识记录下来,供人类保存和传播知识之用。古今中外,广为传播的书籍、期刊及各种资料,均属印刷型出版物。这类出版物的特点是便于直接阅读,不必借助于任何设备。

2.缩微型(Microform)　缩微型出版物一般以印刷型出版物为母本,采用光学摄影技术,把文献一页页缩小固化在感光材料或其他载体上。目前流行的缩微型出版物有 3 类:缩微胶片(Microfiche)、缩微胶卷(Microfilm)、缩微平片(Microcard),以缩微胶片最为常见。它的特点是体积小、保存期长、价格便宜、便于实现管理自动化,主要缺点是必须借助于阅读设备,使用甚不方便。目前,国外不少图书馆已将大批过时的、较少被人利用的文献资料以及珍本、善本等用缩微品加以保存,此外,也有不少出版物在出版印刷型的同时,出版缩微品,也有的出版物因出版数量多、篇幅过大目前仅出版缩微品。

3.视听型(Audio - visual)　它又叫声像型或直观资料,是一种非文字形式的出版物,直接通过声音图像传递知识,给人一种直觉,对于学习语言、音乐、观察自然现象、探索物质结构、了解运动机理等,用视听型资料将会发挥其他类型出版物不能起到的独特作用。目前这些出版物有:唱片、录音带、幻灯片、录像带、电影胶卷等。

4.机读型(Machine - readable)　所谓机读型就是用计算机进行存储和阅读的文献,它是通过计算机和磁性或光学存储技术,把

25

文字信息转变成计算机可以识别的机器语言,输入计算机,存储在磁带、磁盘、磁鼓等磁性载体上或光盘上,阅读时再由计算机将存入的有关信息读取出来,显示在荧光屏上或打印在纸上。机读型文献的主要特点是:一次加工,多次使用;容量大,体积小;存取速度快。主要的问题是一次投资大。目前在我国已开始起步,但还未普及。

二、按出版物的特征和用途来划分

按此划分可分成图 3-2 所示:

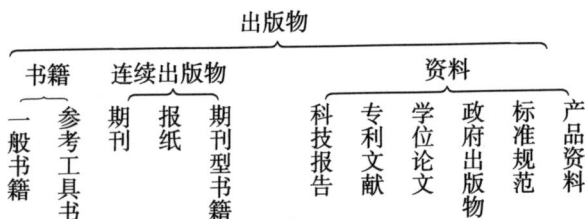

出版物

书籍　　连续出版物　　　　　　资料

一般书籍　参考工具书　期刊　报纸　期刊型书籍　科技报告　专利文献　学位论文　政府出版物　标准规范　产品资料

图 3-2

1. 书籍(Book)　它是出版物的主要类型,也是最古老的一种出版形式,是图书馆藏书的主要内容之一。一般来说,书籍的内容比较成熟和概括,每种书有个中心主题,阐述比较全面系统;在出版形式上比较正规,有封面、书名页、版权页、目次、正文等,成卷成册,印刷装帧也较讲究。从使用角度来看,它可分成一般图书(general book)和参考工具书(reference book)。所谓一般图书,是指通过阅读整本的内容来吸取知识的书籍。所谓参考工具书是将分散的无组织的原始文献用一定方法进行加工、归纳、简化后,汇编成系统的,便于查找利用的供查阅知识条目或检索文献线索用的出版物。

2. 连续出版物(Serial)　它是指采用统一名称,定期或不定期

26

连续出版的,有连续序号的一种出版物。定期的连续出版物,通常称期刊,根据出版周期的不同,可分为年刊、半年刊、季刊、双月刊、月刊、半月刊、旬刊、周刊等。凡是学术研究、文学创作的最新成果常常首先在期刊上发表,它具有出版周期短、论文发表快、反映最新学术动态及时等特点。它发行量大、影响面广,对科研工作有较大的参考价值,是科技人员的重要信息源之一。因此,期刊也是图书馆收藏的主要对象。根据期刊报道内容,可分为以原著论文为主的学术性期刊,以报道动态、消息为主的新闻报道性期刊,用作检索文献线索的检索性期刊以及知识性、趣味性、消遣性的科普期刊和文艺期刊等几种类型。

根据《国际标准书目著录——连续出版物》(ISBD(s))对连续出版物下的定义是:"一种逐次分册发行,通常都编有数序或年代序号,并且打算无限期地连续出版下去的印刷或非印刷形式的出版物,包括:期刊、报纸、年刊(年鉴、行名录等)、各种机构的报告丛书和会志、会议录丛刊以及单本书的丛书。"也就是说,连续出版物主要是指期刊,也包括一年一次或几年一次有连续编号的期刊型图书。

所谓期刊型图书(Mook)是指有一个统一书名,围绕一个主题由几个著者写成的多篇论文汇编而成的,往往一年或一年以上定期或不定期地出版一次,用连续编号或年代表示不同版本的连续出版的出版物。由于这些出版物介于书籍和期刊之间,既有书籍特征又有期刊特征,所以称它们为期刊型图书,这些出版物通常有国际标准书号(ISBN),又有国际标准刊号(ISSN)。但目前多数图书馆均作为书籍处理,与书籍一起分类、编目、排架,但也有一些图书馆根据读者的使用习惯和它们本身的特点,已单独另立阅览室借阅或将其目录卡单独自立系统供读者查找。这些出版物主要包括:连续出版的会议录和年度进展、评述及年鉴等。现将这些出版物简介如下:

（1）会议录（Proceedings）　即会议文献，是指在学术会议上发表的论文和报告。会议录是一种重要的科技出版物，它涉及到某一学科或领域的最新动态和最新科研成果，往往能反映某学科某领域的现状和发展趋势，对科研人员有较大的参考价值，也是科研人员的重要信息源。但会议录的出版形式比较复杂，有专题会议录，用书籍的形式出版的；有连续性会议录，以定期或不定期连续出版形式出版的，一般以"某某进展"（Advances in…，Developments in…，Progress in…）形式出版；有以科技报告的形式出版，即以政府机构、大专院校或工业机构的科技报告形式出版；有刊登在期刊上，或以期刊专辑、特辑等形式出版。此外，会议文献本身有的只出版预印本（Preprint）；有的正式出版会议录（proceedings）；有的既出会议论文（papers），又出会议讨论记录集（Discussion）；有的只出版论文摘要（Digest），全文得向作者本人或专门机构取索。会议文献的上述这些情况，再加上它的命名方式复杂，著录格式不统一等，给查阅工作带来了不少困难。

（2）进展（Advances，Developments，Progress）与评述（Review，Survey）　进展是将某一领域在某一时期内有代表性的、学术水平高的研究论文汇编在一起，反映这一时期已取得的新成就新动向，往往以一定周期出版的一种出版物。评述是对某一学科或领域的有关文献进行综合分析后编写出来的，以一定周期（往往一年以上）或不固定地用书的形式出版的一种出版物，它是总结一定时期内某学科、某领域的进展情况，概括已经取得的成就，分析当前的动态并进而预测未来的发展趋势。这类出版物里的论文多半是约请有关领域内成就较大的有影响的学者或权威人士撰写的，或组织专门班子集体撰写的。进展、评述的出版形式跟书籍十分相似，不同之处仅仅是书名上有连续序号或年代表示。有不少"进展"实际上是连续性会议录。这类书对科研人员了解当前动态和今后趋势特别有用，因为它们综合分析了大量文献以后再加以总结评述的结论性论述,可以使读者节省很多查阅文献的时间,而且,这类图书中往往附有许多参考文献,一般都经过作者的精心挑选,能为读者提供大量的文献线索,如果读者对某一问题感兴趣或想进一步了解某篇文献的详细论述,可以根据参考文献的提示进行查阅。

3. 资料(Materials) 就广义而论,凡是非书非刊的出版物统称为资料,它包括:科技报告、政府出版物、学位论文、专利文献、标准规范、产品资料等。由于各种资料的出版形式和出版内容均具有一定的特色,情况也比较复杂,一般读者对这些出版物了解甚少,现将它们分别介绍如下:

(1)科技报告(Scientific and Technical Reports) 科技报告是研究机构的科技工作者发表研究课题的进展情况和成果的出版物。它的特点是,一个报告单独成册,在同一系统或同一单位内有统一编号,装帧简单,出版快,篇幅不受限制。内容大致可分为生产技术和基础理论研究两大类,以生产技术的研究报告为主。许多最新的研究课题与尖端学科的资料,往往首先反映在科技报告中,而且内容专深具体,包括研究过程、数据、图表,有时还记录失败的事例等,因此,对于科研工作具有相当重要的参考价值,是科技情报重要来源之一。

科技报告有许多是保密和控制发行的,但公开与解密的报告也占相当比例。它们的内容与其他类型的出版物,特别是会议录和期刊论文经常有重复,因此,在查阅过程中,当发现图书馆没有收藏某篇科技报告时,在期刊或会议文献里有可能会查找到。

科技报告与书籍、期刊等都不同,类型比较复杂,名称叫法往往用代码表示,因此要想利用科技报告,首先要识别它们的代码含义。由于各系统、各单位的科技报告的代码编制方法不完全统一,代码的结构形式也不尽相同,一般读者一时较难掌握。现将国外常见的主要科技报告的代码简介如下,以供参考:

1)机构代码:它们是科技报告代码的主要部分,用来表示科技报告的名称,一般以编辑、出版、发行机构名称的首字母作为报告的机构代码。例如,PB 是 Publication Board 的首字母缩略词,即美国政府出版局;AD 是 Armed Service Technical Information Agency(ASTIA)Document 的首字母缩略词,即美国军事技术情报局;NASA 是 National Aeronautical Space Administration 的缩略词,即美国国家航空航天局;DOE 是 Department of Energy 的缩略词,即美国能源部。

2)类型代码:用来表示科技报告类型。现将主要的类型代码简介如下:

B——Bulletion	通报
CR——Contractor Report	合同户报告
M——Memorandum	备忘录
N——Notes	札记
P——Pape	论文
PR——Progress Report	进展报告
SP——Special publication	特种出版物
TB——Technical Briefs	技术简讯
TM——Technical Memorandum	技术备忘录
TN——Technical Notes	技术札记
TP——Technical Paper	技术论文
TT——Technical Translation	技术译文

3)密级代码:用来表示科技报告的保密程度,具体有:

ARR——Advanced restricted report	绝密报告
C——Classified	保密报告
R——Restricted	控制发行的报告
S——Secret	机密报告
U——Unclassified	非保密报告

4）分类代码：用来表示报告的主题分类，如：

P——Physics　　　　　　　　物理学

C——Chemistry　　　　　　　化学

5）日期代码和序号如："82—916"表示1982年的第916号报告。

（2）专利文献（Patent）　因我国近几年刚开始实行专利制，所以不少读者对此比较生疏。所谓专利制，是世界各国用法律形式保护科学技术发明权的一种制度。企业或个人的新的创造发明，包括新技术、新材料、新工艺、新产品、外观设计等，根据专利法可向政府申请专利权，获得批准后，可在规定年限内享有垄断权，在此期间，凡别人采用此项发明创造，必须付给发明者一定的报酬。

专利一般分三种类型：①发明专利，指在技术领域内对某一问题指出新的、先进的、经济效益好的解决方案，可申请发明专利；②实用新型专利，指对产品形状、结构或组织的革新或改进设计方案，可申请实用新型专利，它又可称小专利；③外观设计专利，指对产品外形图案、色彩或它们的结合，作出富有美感又适合在工业上应用的外观设计，可申请外观设计专利。我们一般所说的专利主要指发明专利。

专利文献是上述这些发明创造文件的通称，它主要指专利说明书，也包括检索专利用的工具，如专利局公报、专利文摘、专利目录、专利索引和专利分类表等。因专利说明书一般要写明名称、设计、制造过程、方法等，内容详细具体，并有图表，而且又是新的发明创造，能反映出当前的技术水平，必须具有新颖性、先进性和实用性等基本条件，所以它是工程技术人员和产品设计人员的一种切合实际而又有启发性的重要参考资料。由于同一发明创造可以同时在几个国家里申请专利权，所以各国的专利文献相互重复的现象十分严重，在检索专利文献时，应特别注意这一情况。

（3）标准规范（Standard and specification）　它主要是指对工

农业产品和工程建设质量、规格及其检验方法等方面所作的技术规定,是从事生产建设的一个共同性技术依据。它按其应用范围可分为:国际标准、区域性标准、国家标准、部标准、专业际准等;按内容可分为:基础标准、产品标准、方法标准。一个国家的标准能反映该国家的经济政策、技术政策、生产水平、工艺水平、标准化水平等情况,对于全面了解和研究各国的工业发展情况有重要的参考价值。某些国外标准对于我国研制新产品,提高产品质量性能,改进操作水平可以起借鉴作用。也可在进口设备、材料时作为检验质量的依据。

标准具有种类多、篇幅小、出版形式多样、名称代号复杂、更改替换频繁的特点,在使用前应该先作个大概的了解。

(4)产品资料(Product Materials) 它是对定型产品的性能、构造原理、用途、使用方法、操作规程、产品规格的具体说明,是各厂商为了推销产品而出版发行的一种商业性宣传资料,包括产品的目录、产品样本和产品说明书等。由于它有技术性能、外观照片、结构图、用法和维修保管等各种介绍,对研制新产品的部门有一定的参考价值,并可以从中了解到有关的生产动态和发展趋势。但由于现代社会的生产发展很快,产品不断更新,因此产品资料很容易过时,查阅时要注意出版时间。

(5)学位论文(Dissertation,Thesis) 它是高等院校内的学生获得博士、硕士等学位时提出的论文,是经过审核的原始性研究成果,这些论文通常是在阅读了大量文献,做了大量实验的基础上综合写出的学术著作,对某一学科或专题从起源、历史沿革、现状到今后趋势以及研究背景、过程、数据等均有系统的详细叙述,内容专一,并有作者自己的独特见解,因此有较大的参考价值。但要注意,由于各国的教育制度不同,学位论文质量往往参差不齐。学位论文为非卖品,大多数是不对外出版发行的,通常保存在授与该学位的大学图书馆里,只有极少数印成单行本(印数很少)分发给有关单位或个人,也有部分学位论文会刊登在期刊上或作科技报告发表。

(6)政府出版物(Government Publications)　政府出版物是各国政府所属各部门所发表的文献资料或由政府设立的专门机构,如美国的政府出版局(GPO)和英国的皇家出版局(HMSO)等,印刷出版的文献资料。其内容涉及两大方面:①行政性的文献资料,包括国会记录、政府法令、方针政策、规章制度、决议指示、调查统计等;②科技性文献,包括科研报告、科普资料、技术政策等。它们的出版形式多样,有图书、期刊,还有大量装帧简单的小册子,内容有时与科技报告相重复。政府出版物对于了解一个国家的方针政策,尤其是科技政策、经济政策以及科研活动和水平等,具有一定的参考价值。政府出版物由于数量大,现在已有不少国家主要出版缩微品,并专门指定由几个图书馆存放,供读者查阅。

三、按出版物内容的加工深度来划分

按此方法划分可分成一次文献、二次文献、三次文献。

1.一次文献　一次文献又称原始文献,是作者本人以科研、生产中取得的成果或有关的新理论、新方法、新见解等为依据,创作撰写出来的文献。通常情况下,会议论文、科技报告、期刊论文、专利文献、学位论文等均属一次文献,它们是读者要查阅的主要文献。

2.二次文献　二次文献又称检索性文献。由于一次文献类型多、数量大,不便于检索利用,为了帮助读者全面、系统、正确地查找一次文献,将分散的、无组织的一次文献,经过加工、整理、精化后,按一定的排检方式组织起来。换句话说,它是作为掌握一次文献的钥匙。书目、索引和文摘属二次文献。

3.三次文献　三次文献又称浓缩文献,是通过二次文献检得一次文献,再对其内容进行分析综合、评述,重新组织整理而成的

文献,是高度浓缩的文献。三次文献通常具有综合性强、系统性好、资料性全、查检方便等特点。一般的百科全书、手册、传记等参考工具书以及评论、综述等均属三次文献。

综上所述,一次文献、二次文献、三次文献之间有着密切的关系。文献的基础是一次文献;二次文献是一次文献的简化和替代,是检索一次文献的工具;三次文献是一次文献的高度浓缩,是一次文献的再加工产物。随着文献加工深度的不断加深,文献内容由冗长到简单,由分散到集中,由零散到系统,由局部到全面,其功能也随之发生变化。

第二节 书刊资料的出版现状与特性

当代科学技术的飞速发展,不但促使书刊资料的出版数量日益增多,而且也使书刊资料本身产生了许多新的情况。为此,我们有必要了解和熟悉书刊资料的出版现状和特性,这是充分利用书刊资料的前提。

下面就目前出版物中几个突出的趋势作简单介绍。

一、各类出版物品种逐年增加

随着科学技术的发展,知识更新加快,出版物也越来越多,已有人惊呼到了"文献爆炸"的境地,现举例来说明,仅美国鲍克公司出版的《美国在版书目》(Books in Print)1991～1992 年版就报道了 100 万种英文图书,其中新种也有 13 万 6000 种,比 1980～1981 年版的 54 万种增加了近一倍;另据联合国统计年鉴报道,图书新品种每年约增 7%～8%;中文图书近段时间的发展也很快,全国每年共出版各类图书 6 万种左右,是 1980 年的 3 倍。外文期刊的数量 1960 年约 2 万种,1970 年增加到 5 万种,1980 年为 6.5

万种,1990年有8万种;中文期刊的数量,据中国科技情报所重庆分所发行的《中文科技期刊篇名数据库》报道,就收录了4000种中文科技期刊。目前全世界每年发表的科技论文已超过400万篇,年增长率为7%~8%;会议文献的出版数量增加也很快,1972年约召开4000多次学术会议,近几年的科技会议已有1万次之多,其中有3/4左右的会议是出版各种形式的会议出版物;其他的出版物,如科技报告、专利、学位论文等,数量也很多,这里就不一一例举了。

二、书刊资料的内容交叉重复现象严重

随着出版数量的增加,书刊资料的内容交叉重复现象日益严重。这种交叉重复现象归纳起来主要表现在同一著作以不同形式出版,同一内容用不同水平反映,同一论题以不同角度阐述,同一学科在不同领域出现。具体反映在如下几种情况:

1.世界各国为了及时了解和利用其他国家的文化科技成就,相互翻译书刊资料。据联合国教科文组织出版的《信使》报道,这种翻译出版的图书约占图书出版总数的1/10。此外,英美等西方国家常年逐期整本全译俄文期刊约有200多种,而前苏联翻译外国文献,据《苏联印刷杂志》透露,要比美国多3倍。

2.大量出版旧书的再版本或改编本。文化科学技术的不断向前发展,必然使原来的图书内容变得陈旧,为了能及时反映当前的文化科技水平,作者需要不断地更改、充实自己的原著作,这是出版再版图书的主要原因。出版改编本的目的是为了满足不同层次、不同阅读目的的需要。

3.会议录、期刊论文、学位论文、科技报告等各种不同类型的出版物的内容彼此交叉重复,尤其是科技报告、专利文献等重复特别严重。例如AD报告几乎有60%以论文形式在期刊上发表;加拿大的专利文献同外国重复的有87%,其中单与美国重复的就占

2/3。

此外，出版商为了赢得利润，争出热门的、新兴学科的书刊，从而出现许多大同小异的、内容相差无几的图书，也是造成交叉重复的原因。

上述这些情况，如果从消极意义来看，使图书数量变得越来越臃肿，给读者查阅资料带来了不少困难。但如果从积极意义来看，使读者能从不同的角度查阅到内容相同的资料，也能使读者找到图书馆里缺藏的某种书刊资料的"代用品"。我们在查阅书刊资料时，可以充分利用出版物的这个特性。

三、文献资料分布的集中性及分散性

随着科学技术不断向深度和广度发展，一方面各个学科的研究范围越来越专门化，分工越来越细；另一方面各学科之间相互交叉渗透、相互联系、相互利用的情况也日益加深，这两种相互截然矛盾的过程，反映到科技文献（期刊）的分布规律上，就出现了某一学科的文献一方面被高度集中在少数核心期刊上，另一方面又被分散刊登在若干其他学科的多种期刊上。据有人分析研究，对于某一学科的文献来说，一方面50%左右的文献集中在仅占该学科期刊总数百分之几的期刊中；另一方面，只占总数5%左右的该学科文献又分散在占刊登该学科文献的期刊总数50%左右的期刊中，分散的范围与程度取决于该学科与其他学科相互联系和渗透的范围与程度。对美国《化学文摘》进行分析表明，化学化工论文分散在1.2万种期刊和其他出版物中，如要取得全部论文的62%，只需查阅500种期刊，要取得全部论文的90%，需查阅3000种期刊，最后10%的论文，竟分散在另外的9000种期刊之中。

由于文献分布得异常分散，给科技人员了解和掌握本学科的文献带来了很大的困难，但从中可以了解该学科与其他学科之间相互渗透的范围和程度。而文献的相对集中给科技人员查阅本学

科的主要文献提供了很大方便。读者了解和熟悉本学科文献的分布规律对于利用图书馆有很大的现实意义。

四、文献的老化速度加快,即文献寿命在缩短

现代科学技术的发展日新月异、每日每时都有新的发现,新发明和新的创造,科技文献也随之发生迅速的新陈代谢和自然淘汰,换句话说,已发表的文献,经过一段时间后,失去了作为科学情报源的价值,被新的,更正确,更全面的文献所代替,这就是科技文献的老化,或称时效性,用来表示文献老化速度的名称叫老化期,文献的老化期是根据学科的不同和文献种类的不同而不同,但总的趋势是老化期在缩短。有人通过对《科学引文索引》的分析,发现最近一年里被利用的(被引证的)文献中有半数是"年龄"不超过五年,即这些被引证的文献有半数是在过去五年之内发表的。

如果我们用文献的"半生期"(注:所谓文献的"半生期"就是某一门类或科目现在被利用的所有文献中有一半"年龄"不大于的那段时间的年数。)来表示文献的老化速度,那末各学科的半生期大致为:

生物、医学	3 年	冶金	3.9 年
物理	4.6 年	化工	4.8 年
社会学	5 年	机械制造	5.2 年
生理学	7.2 年	化学	8.1 年
植物学	10 年	数学	10.5 年
地质学	11.8 年	地理学	16 年

如果把所有被利用的文献分成"档案性的"(大于5年)和"时效性大的"(小于5年)2类,那末,根据上述数据可以推断:生物、医学、冶金学方面的大部分文献老化速度最快;社会学、机械制造学方面的文献,迅速老化的和档案性的数量上大致相同;而地质

学、地理学和数学方面的文献,多数是属于长期档案性的。

如果根据出版物的种类来看文献的老化期,有人统计得出:书籍为 10 ~ 20 年,科学报告为 10 年,学位论文为 5 ~ 7 年,连续出版物为 3 ~ 5 年,国家标准为 5 年,产品样本为 3 ~ 5 年。

科技人员了解了本学科文献的老化期,将会大大地提高查阅文献的效率。

第三节　图书的组成部分

图书一般由四部分组成,即:封面、文前栏目、正文、书后参考和补充材料。现具体介绍如下:

1. 封面(Cover)　封面的作用是保护图书并给读者一目了然的印象,它包括书脊和书面。在书脊上标有书名或简化书名、作者姓名、出版社,如果是图书馆的藏书,还标有索书号。在封面和封底里面还往往印有整套丛书书名(如果该书是属于某一丛书时)或推荐书目(该作者的其他论著或由该出版社出版的有关著作),为读者提供有关的书目信息。包在封面外面有时有护封,它的内侧一般有作者生平介绍和书籍的内容简介,对了解一本书的价值颇有用处。

2. 文前栏目(Preliminaries)　所谓文前栏目就是正文前的部分,它包括护页、简书名页、扉页、书名页、版权页、献言页、前言、目次、图表一览表、引言等。

①护页(endpapers)　书籍卷首和卷尾的空白页。

②简书名页(half - title page)　在书名页前,只印书名或简书名,如果是属于某一丛书,标有丛书名。

③扉页(flyleaves)　在书名页前,有时有书籍的主题说明。

④书名页(title page)　是认识和判断书籍的重要参考处,也

是书目著录的重要依据。它标有书名、付书名、作者或编者（包括他们的学位、职称、工作单位）、版次、出版地、出版者、出版时间等。

⑤版权页（copyright page） 在书名页背面、标有版权的时间和持有者，目前，大多数外文书还有"在版编目资料"（cataloging in publication Data），注有书籍的主要书目著录资料，包括分类号和主题词，是图书馆工作人员分编工作的重要参考源。

⑥献言页（dedication page） 在书名页后面，标明作者把书献给某人。

⑦前言（preface） 表明作者写书的目的意图，为哪些人而写；表示对帮助者的感谢以及说明该书的编排方式、所用的符号、缩写说明等。

⑧目次（content） 是书籍的章节一览表，能揭示全书结构，可作为书籍的大纲，是图书正文的缩影和总览。

⑨图表一览表（lists of illustrative materials） 包括插图、地图、表格等所在的页码。

⑩引言（introduction） 叙述书籍所涉及的主题内容，它的历史、现状和发展趋势等。

3.正文（text）： 是书籍的主体，它一般由一些章节组合而成。

4.书后参考和补充材料（auxiliary and reference materials）：它包括附录、注释、词汇解释、参考书目、索引等。

①附录（supplement，appendix） 是正文内有参考价值而未作说明的资料，或与正文有关联的数据、材料。

②书目（bibliography） 是作者在写作过程中曾参考过的图书、论文和其他资料的一览表，或是提供进一步阅读的推荐书目。

③词汇（glossary） 在正文中出现的未曾解释的技术新词或外来语等的解释。

④注释(notes) 是正文中某些段节的注释,有时这些注释分别放在所在页码的底边空白处。

⑤索引(index) 是正文中讨论过的有关人、事、物的细目表,或正文中可以独立的信息单元,一般以字顺排列,标有相应的页码。

请注意,不是所有的书籍都有上述这些组成部分,也不是都严格地按上述次序排列这些部分。

书籍的这些组成部分是帮助我们认识和鉴别图书的可靠依据,其中书名页上标明的信息(包括书名、作者、版本记录等)、内容提要、目次、前言及引论等是识别一本书的主要依据,也是图书馆工作人员用来分类、编目的主要参考源,图书馆目录组织的目录卡上著录的事项也主要来源于这几个部分,为此,有必要作进一步的说明。

1.书名 它往往集中地、概括地反映一本书的研究对象和研究范围,在一定程度上正确地表达出书籍的内容(文艺小说书例外)。不少图书除书名外,还有付书名和丛书名,付书名是补充和解释书名的;丛书名能帮助认识一本书的性质、作用和价值。它们能进一步揭示图书的内容以及所属的学科范畴,或指出图书的写作形式,作品的体裁,或指明图书的读者对象等,这些对认识图书有很大的参考价值。

2.作者 作者(包括个人或团体作者和编者)常常可以帮助我们初步估计一本书的思想倾向和它的主题以及学术参考价值,尤其是外文图书,在作者后面往往有作者职称和身份以及所在单位的说明,对衡量一本书的学术水平有一定的参考价值。

3.版本记录 版本记录在一定程度上也能反映出一本书的某些情况,例如,从出版社这一项中可以大致了解一本书的学术水平;从出版年代可以了解到书籍内容的及时程度;版次和印刷次数能推断书籍内容的现实性及通用程度。

4. 内容提要和目次　内容提要能揭示出一本书的主要内容、用途和读者对象,有时还谈及写作过程及参考价值;目次能揭示全书的结构,是书籍内容的大纲,它们是认识图书的主要依据。

5. 前言和引论　一般用来说明一本书的宗旨、基本内容、用途和读者对象等,起到提纲挈领的作用,有时还说明它的写作原委及写作经过等,叙述往往比内容提要详细具体,因此要想深入了解一本书,就有必要阅读前言与引论。

由此可见,了解图书各个组成部分的作用对判断一本书的基本主题、内容梗概、阅读对象、学术水平等颇有用处,在开始阅读一本书以前,浏览一下书籍的这些部分,将能对书籍有个初步的认识,这是鉴别一本书的质量好坏和判断一本书是否适合自己要求的基本方法。

思考题

1. 目前的出版物有哪些类型? 各有什么特征?

2. 书刊资料的出版现状有哪些趋势?

3. 要了解图书的基本主题和阅读对象,该从图书的哪些部分去参考?

第四章　图书馆藏书的组织与检索

　　图书馆数以万计的书刊资料,必须经过科学的组织和整理,才能使读者迅速而有效地得到利用,否则杂乱无章地乱放一起,等于废纸一堆,将无法查找。图书的分类与编目就是图书馆进行科学管理的基础工作。图书馆的图书都要由分编人员进行"加工",将数量庞大、形式多样、知识门类广泛的图书分门别类地、有条理、成系统地组织起来。具体地说,分编人员对每本图书都要进行登记、分类、编目、给每本书注上"标记",贴上标签,再进入书库流通借阅。图例一是经过分编加工的一本图书,它在书架上的排列顺序就是依照书脊上的索书号 $\frac{013}{B1:2}$ 的顺序排列,013 为该书的分类号,B1:2 是它的书次号(有关索书号的含义将在第三节中有说明。)见图例一。

　　图书确定分类号后,再进行编目。分编人员将每一种图书的基本内容实质和外形特征在卡片上按一定的格式向读者描述和揭示出来,编制成一张一张的卡片,组织成各种用途的目录,供读者按各种途径查找。对于已实现用计算机编目的图书馆,还需将书目数据输入图书检索系统。因此,读者若要得心应手地有效地在茫茫书海中查找所需的文献,有必要粗略的了解一些组织馆藏、揭示馆藏的科学管理方法,了解一些图书分类与编目的基本常识。本章概述图书馆藏书的组织与检索方法,其目的是要使读者明了如何查找图书的通道,掌握图书馆目录的使用方法。

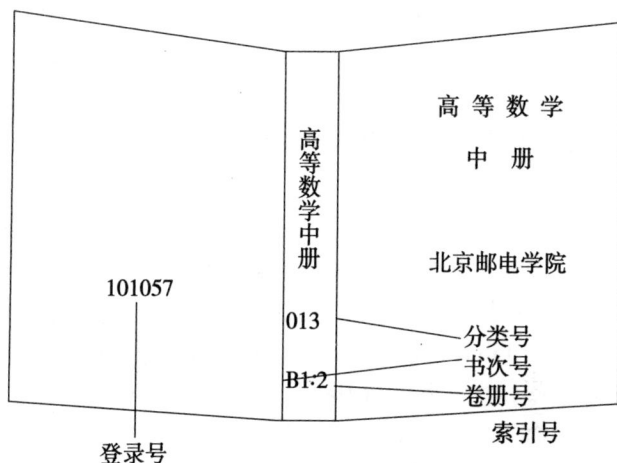

高 等 数 学

中 册

北京邮电学院

101057

高等数学中册

013

B1:2

分类号
书次号
卷册号

登录号

索引号

图例(一)

第一节　图书的分类

　　什么是图书分类? 图书分类是指根据一定的图书分类法类分图书、组织藏书的一种工作程序和方法。它是将大量的图书逐一根据图书的内容性质、研究对象、形式体裁、读者用途的异同,按照特定的分类表标引分类号,以确定一书的类别及其在整个知识体系中的位置,分门别类地将相同的图书集中在一起,相近的联系在一起,不同的区别开来,使藏书形成一个完整的系统,以便读者从知识门类去查找、利用图书。如图例一中的《高等数学》这一书,按《中图法》标引,该书的分类号为013,图书馆中所有高等数学这一类的书,其分类号都标引为013,读者从013这一类号中可以查到图书馆收藏的所有高等数学的图书。

图书分类法是在一定的哲学思想指导下,运用知识分类的原理,结合图书的特点,采用逻辑方法编制出来的。它是一种从总到分,从一般到具体,从低级到高级,从简单到复杂,层层划分,逐级展开的分门别类反映人类全部知识的代码体系。一部完整的图书分类法通常由分类体系(分类表)、标记符号(分类号)、辅助表、说明和索引等组成。我国大学图书馆最通用的分类法是《中国图书馆图书分类法》(简称《中图法》),其次是《中国科学院图书馆图书分类法》(简称《科图法》)和《中国人民大学图书馆图书分类法》(简称《人大法》)。美国图书馆最通用的是《美国国会图书馆图书分类法》(Library of Congress Classification),简称《国会法》(LC)和《杜威十进分类法》(Dewwey Decimal Classification),简称《杜威法》(DDC)。(注:几种使用广泛,影响较大的分类法的对照表编制在本书《附录》里,供读者参考)

　　为了使读者对图书分类法有个基本了解,现将我国最通用的分类法——《中图法》简单介绍如下:

一、《中图法》的分类体系

　　《中图法》将知识门类分为"哲学"、"社会科学"、"自然科学"三大部类。

　　马克思主义、列宁主义、毛泽东思想是指导我们思想的理论基础,作为一个基本部类,列于首位。此外,考虑到图书本身的特点,对于一些内容庞杂,类无专属,无法按某一学科内容性质分类的图书,概括为"综合性图书",作为一个基本部类,置于最后。在《中图法》体系中就形成5大部类的序列:

　　马克思主义、列宁主义、毛泽东思想

　　哲学

　　社会科学

　　自然科学

综合性图书

在 5 个基本部类序列的基础上，按照从总到分，从一般到具体的编排原则进一步展开，组成了 22 个基本大类：A、B、C、D、E、F、…Z。参见下表：

五大部类	22 个大类
马列主义、毛泽东思想 ·················	A 马列主义、毛泽东思想
哲学 ····································	B 哲学
社会科学 ································	社会科学总论
	D 政治
	E 军事
	F 经济
	G 文化、科学、教育、体育
	H 语言、文字
	I 文学
	J 艺术
	K 历史、地理
自然科学 ································	N 自然科学总论
	O 数理科学和化学
	P 天文学、地球科学
	Q 生物科学
	R 医药、卫生
	S 农业科学
	T 工业技术
	U 交通运输
	V 航空、航天
	X 环境科学、劳动保护科学
综合性图书 ······················	Z 综合性图书

由基本大类再进一步区分，展开为简要概括的分类表类目，形

成基本类目表,或称简表(参见附录)。

在基本类目表的基础上,根据各门学科的发展情况和图书的出版情况,继续展开到当前的发展程度,即构成了详表。下面是节选《中图法》详表中"物理学"这一类目的部分。

04 物理学

　　基本类目

　　41 理论物理学

　　42 声学

　　43 光学

　　44 电磁学、电动力学

　　45 无线电物理学

　　46 真空电子学(电子物理学)

　　47 半导体物理学

　　48 固体物理学

　　51 低温物理学

　　52 高压与高温物理学

　　53 等离子体物理学

　　55 热学与物质分子运动论

　　56 分子物理学、原子物理学

　　57 原子核物理学、高能物理学

　　59 应用物理学

　　04 物理学

　　　　普通物理学、论述物理现象的综合

　　　　性著作,例:波、凝聚态物理学等

　　　　入此。

　　　　依总论复分表分。

　　09 物理学史

-1 物理学现状、概况

　　水平、动态等入此。

　　依世界地区表分。

-33 物理学实验方法与设备

　　总论入此；专论入有关各类。

-34 物理测量

41 理论物理学

411 物理学的数学方法

．1 数学物理方法

　　　数学物理方程、群表示方法等
　　　入此。

　　　势论入此。

．2 电子计算机在物理学中
　　的应用

．3 物理模拟

412 相对论、场论

．1 相对论

　　　爱因斯坦引力理论入此。

　　　时间与空间入此。

．2 统一场论

　　　关于电磁场和引力统一起来
　　　的理论，关于把基本粒子场
　　　统一起来理论入此。

．3 场论

　　　总论入此；专论入有关各类。

　　　例：电磁场入 O441.4。

0413 量子论

．1 量子力学（波动力学、
矩阵力学）

相对论量子力学、测不准关系、
并协原理等入此。

量子光学入 0431；量子化学

入 0641.12；量子电子学入

TN201。

　.2 量子电动力学

　.3 量子场论与多体问题（核论）

基本粒子间的相互作用、结构模型

等入 0572.2 有关各类。

414 热力学与统计物理学

……

　.22 非平衡态统计理论

涨落、扩散理论入此。

42. 声学

声学工程入 TB55 地声学入

P315.3。

421 声的原理

……

0422 声的传播

　.1 声速

……

423 声的合成与分析

424 物理声学

425 次声学

次声的发生、次声在大气中的传

播、大气中的次声源等入此；大气声

学现象（气象声学）入 P427.4。

426 超声学

　.1 超声的发生

.2 超声的传播

　　超声显像入此,声全息摄影入

　　TB877.2。

.3 声光作用

.4 超声效应

　　物理效应入此;其他效应入有关

　　各类。

.5 微波超声、声子

　　量子声学入此。

.6 声能学

[.9]超声的应用

　　宜入 TB55。

427 水声学

　　声纳入 U666.7。

　　参见 TB56。

O427.1 水声传播

　　声波在海水中的传播入 P

　　733.21

.2 水中声波的散射和混响

　　参见 P733.21。

.3 水中声起伏

.4 气泡、空化、湍流、尾流的声源特性

.5 水下噪声

[.9]水声的应用

　　宜入 TB56 。

[428]生理声学

　　宜入 Q62。

429 应用声学

　　总论入此;专论入有关各类。例:

语音声学入 H017；电声学入，TN
912.1；电声器件入 TN64；建筑声
学入 TU112；医学声学入 R312；生物
声学入 Q62；心理池声学入 B845.2。

　　分类表是分类法的主表，分类表就是这样层层细分、逐级展开
的一个等级分明、次第清楚的科学系统。在这个科学系统中，各个
类目之间彼此构成从属关系和并列关系，表示类目严格的系统性。
例如声学和光学从属于物理学，声学和光学 2 个类目之间互相并
列。但是由于各门学科之间的错综复杂关系，使各基本大类在逐
级往下展开时，为保持各学科的完整性，会出现一些学科是几个门
类的下位类，也就是说，某些学科在分类体系中会有几个位置。这
几个位置之间的关系叫做交替关系，有时可以交替使用，按照图书
馆的需要只选中一个位置。例如上面节选的"物理学"这一大类
下，"0428 生理声学"，既可隶属于"物理学"类，又可隶属于"Q6
生物物理学"下的"Q62 生物声学"类，而《中图法》把它隶属于"生
物物理学"，不隶属于"物理学"。后者为使用类目，前者称为交替
类目（交替类目用方括号表示）。对于类似这样的图书，读者需从
不同角度去查找，找到该归属的类目。

二、《中图法》的标记符号

　　标记符号是分类表中类目的代号，也叫分类号，它以序级性的
符号表明各个类目在分类体系中的先后位置，用来组织分类目录
和进行分类排架。《中图法》的分类号是由拉丁字母与阿拉伯数
字相结合组成，先以字母表明大范围的类别，再以数字来逐渐缩小
范围，越分越细。《中图法》一般采用一个字母标志一个大类，从
前面列举的 22 个基本大类可知，以字母顺序反映大类的序列，字
母后数字的设置，采用小数制。所谓小数制是将全部标记数字视

为小数的编号方法,用0——9作为标记,并以数值的大小来排列类目的先后次序,它在一定程度上表示类目之间的等级关系。当一个类号的数字超过三位时,为了醒目、易读、易记,规定从左至右每三位数字与其后一位之间注一小圆点"·",这个小圆点称为间隔符号,对类号所代表的类目不发生任何影响。请看以下类目的排列。

B1	世界哲学
B12	古代哲学
B143	十九世纪哲学
B234·93	汉代王符哲学
B25	近代哲学
B3	亚洲哲学
B4	非洲哲学
B502·4	古罗马哲学

读者应按照这种排列顺序去查找,否则难以找到。例如已知19世纪哲学的分类号为B143,若想了解图书馆这一类的书收藏多少?不能在B4这一类后面去查找,应在B12、B13的顺序后面去查找,从小数制来讲,0.4(B4)比0.12(B12)大,因此B12排在前,B4排在后,数值小的在前,数值大的排在后面。

在"T工业技术"类中因内容多,涉及面广,采用双字母表示"工业技术"类以下的二级类目,以字母的顺序反映类目的序列,例如:

T	工业技术
TB	一般工业技术
TD	矿业工程
TE	石油、天然气工业
TF	冶金工业
TG	金属学、金属工艺

TH	机械、仪表工业
TJ	武器工业
TK	动力工程
TL	原子能技术
TM	电工技术
TN	无线电电子学、电信技术
TP	自动化技术、计算技术
TQ	化学工业
TS	轻工业、手工业
TU	建筑科学
TV	水利工程

以上是《中图法》标记符号编制的基本原则，为了使号码适应类目的需要，在并列类目超过九位时，还采用其他一些编号方法，这里不再细述。

三、辅助表

辅助表是附在分类表后面供分类表中某些类目再进一步区分的共同细目排列表，通常又称为复分表。《中图法》设有六个通用复分表，即总论复分表、世界地区表、中国地区表、国际时代表、中国时代表和中国民族表。凡是需要进一步区分的图书，它的分类号包括两部分：主类号与复分号。请看采用总论复分表后的几种图书的分类号：

TQ—61　　化工词典　　（—61 为词典复分号）

S—092　　中国农学史　　（—092 为中国史复分号）

TB53—532　国际噪声会议录

（—532 为会议录的复分号）

读者经常要使用的几种复分号是词典、数据、手册、会议录。常常有读者向咨询人员提问这样的问题："会议录如何查找？"，

"专业词典如何查找？"，"数据怎样查找？"，"有机化学手册如何查找？"根据《中图法》中规定：词典的复分号为—61，会议录的复分号为—532，数据的复分号为—64，手册的复分号为—62。查找时，首先要了解某一学科的分类号，从某一学科的分类号顺序着手，带有这些复分号的图书和卡片（分类目录）往往排在该学科分类号的后面。例如 TB53—532《国际噪声会议录》排列在 TB53　振动噪声及其控制这一类号之后；TQ—61 排列在 TQ 之后；TH71—62《计量仪器手册》排在 TH71 这一类号之后……要查找有其他复分号的图书，亦可按此方法类推。

四、说明和索引

说明和注释是对分类表的结构原理、适用范围和使用方法的揭示，是帮助我们了解分类体系、明确类目之间的关系、掌握分类方法的重要依据。例如："B82 道德哲学"（伦理学），在类名"道德哲学"后面用弧括注明（伦理学），是"道德哲学"的同义词。

《中图法》索引是将每一个分类号的类名按其汉语拼音字顺排列，它是使用《中图法》的辅助工具，读者可以从类名查得分类号，这对于不熟悉《中图法》分类体系的读者尤为有用。例如："硅太阳能电池"究竟从"半导体技术"类目，还是从"能源技术"类中下手？如一时难以判断，就利用《索引》，按"硅 Gui"查找，直接就在 261 页得到"硅太阳能电池 TM914.41"，即"硅太阳能电池"该入"TM 电工技术"类下。又如"茶"，在《索引》第 52 页的"茶"字下，把从不同途学科出发有关茶的分散的类号集中起来：

茶　　　　　　　S571.1（—农作物→农业类）

—标准与检验　　TS272.7（—日用工业→轻工业手工业）

—病虫害　S435.711（—病虫害防治）

—加工机械与设备　TS272·3

—种植　S571.1

一贸易	F752.652—经济类
茶厂	TS272.8
茶科	Q949.73—植物分类→生物
茶砖	TS272.5

这样,既可以选择最合适的分类号,又方便了对一个事物从各个不同方面的检索。

前面介绍的是图书分类法的概貌,由此读者可以了解图书馆藏书的组织方法,读者可以按分类号标记的顺序(A、B、C、D、E……)去图书馆查找自己所需要的图书。对于一般读者而言,粗略地了触分类法的编制体系、标记符号就可以了,不需要也不可能对整部图书分类法进行详细的学习和理解,通常只要记住自己本专业的以及与其相关的类目和类号就能应付了。在使用分类法时,有 2 点再强调一下:

1. 分类号位数少的类目是大类目(上位类),位数多的是小类目(下位类),换号话说,类句位数越少所代表的类目越大,相反的,类号越长所代表类目越小。如前所述的"物理学"类目,04 物理学,041 理论物理学,0414 热力学与统计物理学,0414.1 热力学,0414.14 非平衡态热力学。04 是上位类,0414.14 所代表的类目最小。

2. 一般情况下,一种图书集中反映一个学科或一个主题,但并不是所有图书的内容只反映一个学科或一个主题,有些图书会涉及到几个学科或几个主题,在现代科学中,跨学科的边缘学科逐渐增多,对于这些学科的图书,要利用分类表中的"参见","见","宜入"等说明。

第二节　图书馆目录

图书馆目录是利用图书馆最基本的一种检索工具,它通过对馆藏文献的完整著录,按照读者在查找文献时使用的不同角度,用科学的排列方法组织而成。它为读者更快地识别和挑选文献提供极大的方便,可以指引读者从茫茫书海中按各种不同途径搜索所需的文献,人们常把它称作为打开图书馆知识宝库的钥匙。因此,掌握使用目录的方法,好比拿到了打开知识宝库的钥匙。

一、目录的类型

图书馆为了满足读者从不同途径查找文献的需要,设置了各种不同功能的目录。下面主要介绍按目录的使用对象和按目录的编制方法区分的各种目录。

按目录的使用对象可分为公务目录和读者目录2种。

公务目录又称工作目录。专门供图书馆工作人员在工作中查阅用的。它反映的是图书馆的全部馆藏文献,记载图书馆的一切业务注记,对读者不予开放,仅供特殊需要的读者使用。公务目录对图书馆的藏书补充、分类编目、参考咨询、典藏保管等工作具有特殊作用。

读者目录又称公用目录,是专门供读者使用的目录。它在图书馆目录体系中占着主导地位,承担着揭示、识别、检索馆藏文献的主要任务。一般设置在目录室(厅)、阅览室及参考咨询部等处供读者查检。

图书馆的读者目录按其目录的不同编制方法可分为:分类目录、主题目录、书名目录、著者目录。按收藏文献的不同语种,读者目录又可分为:中文图书分类目录、西文图书分类目录、日文图书分类目录、俄文图书分类目录；中文图书著者目录、中文图书书名目录、西文图书字顺目录、俄文图书字顺目录、日文图书字顺目录等。按文献的不同类型可分为：图书目录、非书资料目录、期刊目录等。

在目录组织的排列方式上，有的馆将著者、书名、主题卡片按字顺混合排列成一套目录，即所谓"字典式目录"，有些图书馆却将著者、书名、主题卡片分别排成三套字顺目录，或将著者、书名混排在一起，主题卡另排一套，即所谓"分立式目录"。有的馆不论其出版物类型，将会议录、装订成册的期刊、视听资料等与书籍的卡片一起混合排在一套目录里，也有的馆单独设有会议录、期刊、科技报告、视听资料等各种不同目录的。总之，图书馆目录组织的设置是视各个图书馆的具体情况而定的。

为了醒目起见，现将一般大学图书馆的读者目录体系列表如下（见 57 页）。

二、目录的功能

图书馆目录是记录、报导和检索图书馆馆藏文献的工具，所谓记录馆藏文献，是指通过各种款目将文献的内容和形式特征描述下来，向读者揭示馆藏内容和数量。所谓报导文献，是根据读者需要，从一定的编制目的出发，围绕某一问题，向读者报道揭示有关文献。所谓检索文献，就是通过款目的集中、组配，从书名、著者、分类和主题等方面，向读者提供选择文献，索取文献的途径。

下面介绍一下各种目录的不同功能以及它们的相互关系。

1. 分类目录

分类目录是按照图书内容的学科体系，根据图书分类法组织起来的目录。它将馆藏图书依照知识门类加以系统化，从而向读者揭示出某一知识门类包括一些什么方面、什么问题以及关于这些方面和问题有些什么图书，回答读者从一定知识门类这个角度查找文献的问题。它还可以显示出某知识门类与其他知识门类之

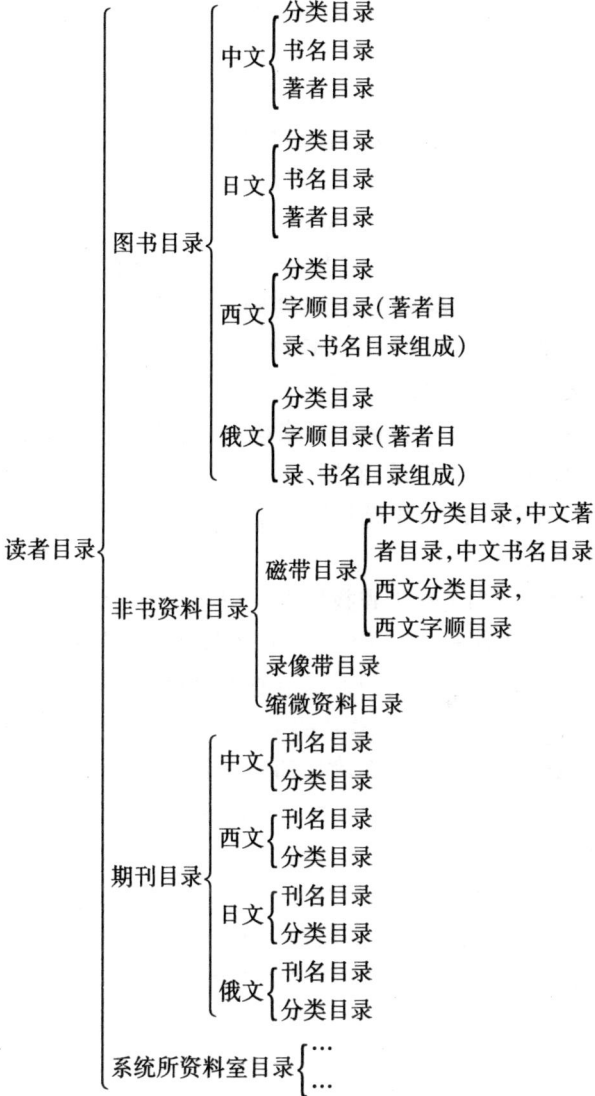

间的关系。

读者目录
- 图书目录
  - 中文
    - 分类目录
    - 书名目录
    - 著者目录
  - 日文
    - 分类目录
    - 书名目录
    - 著者目录
  - 西文
    - 分类目录
    - 字顺目录（著者目录、书名目录组成）
  - 俄文
    - 分类目录
    - 字顺目录（著者目录、书名目录组成）
- 非书资料目录
  - 磁带目录
    - 中文分类目录，中文著者目录，中文书名目录
    - 西文分类目录，西文字顺目录
  - 录像带目录
  - 缩微资料目录
- 期刊目录
  - 中文
    - 刊名目录
    - 分类目录
  - 西文
    - 刊名目录
    - 分类目录
  - 日文
    - 刊名目录
    - 分类目录
  - 俄文
    - 刊名目录
    - 分类目录
- 系统所资料室目录
  - …
  - …

分类目录是图书馆目录的主要目录,也是利用率最高的一种目录。但它也有一定的局限性,只能在熟悉了分类系统的情况下才能有效地使用它。

2. 主题目录

主题目录又称标题目录。它是根据图书馆所采用的主题表,按照馆藏文献研究对象的主题字顺组织起来的目录,它从内容的题材方面来揭示图书馆的藏书中所包含的各个主题,反映每个主题有些什么文献,它与分类目录相互配合,相互补充。利用这种目录检索文献时,只要确定所查找文献的某个主题词,就可以像查字典那样,按字顺查找到某个主题词,从而找到属于该主题的文献。

对于那些从事专题研究的读者来说,主题目录是非常重要和实用的一种检索工具。目前,我国图书馆界对主题目录的使用还很不普遍,但从长远来看,主题目录会逐渐增多起来。

3. 书名目录

书名目录是以书名作为查找依据组织起来的目录,便于读者从书名方面来检索图书。它不但可以回答读者是否有某一特定书名的图书资料,如"图书馆有《控制论》这本书吗?"(在中文图书的书名目录中依"控制论"这个书名的字顺查找),而且可以集中同一种图书的不同版本。读者在确切知道书名时,使用这种目录最方便。尤其是对那些不熟悉分类目录的读者,显得更重要。

4. 著者目录

著者目录是以著者(包括团体著者)为查找依据排列起来的目录,便于读者从著者的姓名字顺查找所需的文献,如读者问"图书馆有维纳的著作吗?"(在中文图书的著者目录中依"维纳"这个姓的字顺查找)。著者目录集中了图书馆收藏的某著者所著的全部著作,如果要找某一著者著些什么或要研究某人的思想、言论观点时,使用著者目录比较理想。

上述四种目录中,分类和主题两种目录都是从图书的内容方面来揭示藏书的目录,都是为满足读者按图书的学科专题内容来查找的需要,因此都是实质性目录,它们的区别在于:分类目录是按学科分类体系来揭示藏书,它的具体排列按图书分类法的分类号次序,其目的是将各种图书依照知识门类的逻辑次序排列起来,具有高度的科学系统性;而主题目录是按主题的字顺揭示藏书的目录,它没有科学系统性,各主题之间不存在逻辑次序,但它把同一主题的文献不论它们属于哪一个知识门类,都集中在一起,对于读者来说,无需了解复杂的图书分类法,只要按主题字顺就能从目录中像查词典那样直接找到需要主题的图书。

书名目录和著者目录为读者提供极为重要的检索途径。我们要善于利用这两套目录,尤其是著者目录,由于从事科学研究的人或机构一般都有专长,同一人或同一机构撰写发表的文献,在内容主题上常常会同一学科或同一专业范围,因而通过著者目录不仅可以了解某些著者所出的各种文献,还可以进而了解到某些著者的研究方向和发展趋势。

5. 各种目录之间的相互关系

综上所述,每种目录都有它的独特职能,同时又有它的局限性,因此,图书馆要从图书的不同特征来编制和组织各种不同的目录,使各种目录之间相辅相成,互相补充,组成一个完整的目录体系,向读者充分揭示图书馆的藏书。因此,如果说设置几套不同的目录是为读者增加几条查找资料的途径,那么利用各种目录之间的相互关系来检索资料是一条更巧妙的查找途径。

例如,我们通过书名目录查到了《交往的艺术》一书的卡片,通过这张卡片对这本书的描述,知道著者是袁振国,我们可以在著者目录的"袁振国"款目下找到他著的其他著作。可以通过该书的分类号"C912.3"在分类目录中一举查得《公共关系》等其他著作,还可以在主题词"人间交往——研究"下找到同样研究课题的其他著作。又如，我们知道"控制论"的创始人是维纳（Wiener，Norlert），就可以在著者目录里查到他的全部论著，如果读者掌握英语，可以通过西文字顺目录在 Wiener 的字顺位置查得图书馆收藏 Wiener 所著的英语图书。我们还可以凭"控制论"这个书名在书名目录中查到"控制论"的分类号，然后在各文种的分类目录中检索到有关"控制论"的馆藏图书。利用各种目录之间的相互关联性，可以扩大检索范围，供选择的参考文献越来越多，从而使读者更加了解学科或研究专题所包括的知识门类及与其他学科的关系，使读者的视野更广更深。

为了便于读者使用方便，在图书馆的目录厅内，一般有分类简表和各种目录的使用说明，在各个目录柜的外边有标识向读者揭示目录柜内的内容，在目录柜内又有导卡以及各种参见、注释等指导读者使用目录。

图书馆目录，就形式而言，最常见的有卡片式目录和书本式目录。其中卡片式目录是图书馆目录的主要形式，书本式目录一般作为辅助目录，如新书报道、专题目录等。另有缩微目录和供计算机存取用的磁带型目录，即所谓机读目录，在国外的图书馆中早已使用，我国使用的单位甚少。

第三节　目录著录的格式

图书著录是根据一定的目的和一定的著录规则，对于一定图书的内容和特征所作的记录和评价。通常是用卡片来记录一书的内容和特征，这张卡片就是一条记录，图书馆术语称这条记录为一条款目。在款目里对图书的简单描述的内容有作者、书名、版本、出版者、出版年、开本、页码、主题词等。因此，款目是编制图书馆目录和书目参考资料的基础，同时它又能帮助读者识别和了解图书,揭示图书馆的藏书。

图书著录有主要著录(基本款目)和辅助著录(辅助款目)之分,主要著录是一种图书的各种著录的基础,反映着图书的重要特征,在内容上它是关于一种书的最详细、最完全的记录,提供被著录图书的必要的书目资料。图书著录应当用图书的什么特征作为主要著录,在中外文图书的著录规则中是不一样的,中文图书都以书名款目作为主要著录,而外文图书一般以著者款目作为主要著录,对于无著者仅有编者的某些类型的文献才将书名作为主要款目。辅助款目是基本款目演化出来的著录,它从主要著录以外的其他方面来揭示图书,是主要著录的补充。其中有:1)中文图书的著者款目和外文图书的书名款目;2)分类款目和主题款目;3)用不同的标目在同一目录中重复反映同一种书的附加著录,即互见款目;4)揭示一种书的其中一部分材料的款目,即分析款目;5)揭示出一组图书材料的款目,即综合款目;6)指引读者从目录中的一条款目或一部分去查阅另一条款目或另一部分,或表示目录之间的相互联系的方法指示,即参照款目。

近年来,世界各国对文献著录的格式都采用"国际标准书目著录"(ISBD)这个国际标准,我国发布的著录标准有:《文献著录总则》(GB3792.1—83)、《普通图书著录规则》(GB3792.2—85)、《西文文献著录条例》……。国际上通用的标准还有《英美编目规则》(第二版)(AACR$_2$)。下面介绍我国已采用的中外文图书著录标准。

一、中文图书卡片著录格式

按国家标准《普通图书著录规则》,中文图书目录卡片的格式见图4.1。

1. 基本款目

索书号	正书名＝并列书名:副书名及说明书名文字/第一责任者;其他责任者.—版次及其他版本形式/与本版有关的责任者.—出版发行地:出版发行者,出版年、月、(印刷地:印刷者,印刷年)。
	页数或卷(册)数;图;尺寸或开本＋附件.—(丛书名/编者,国际标准连续出版物编号;丛书编号)。
	附注
	中国标准书号(装订):获得方式
	提要
	Ⅰ.书名Ⅱ.著者:Ⅲ.主题.Ⅳ.分类号

图4.1 基本款目格式

2. 通用款目:

K248.1	甲申三百年祭/郭沫若著.—2版—北京:人民出版社,
G1	1954.4(1972.2重印)
	33页;大32开
	本书为纪念明朝末年李自成领导农民起义胜利的三百年而写。
	Ⅰ甲申三百年祭 Ⅱ.郭沫若 Ⅲ.李自成起义
	Ⅳ.K248.1

图4.2 通用款目格式

注:主题根据《汉语主题词表》标引;分类号根据《中国图书馆图书分类法》类分。

通用款目中《甲申三百年祭》为书名,郭沫若为责任者即著者,该书为第二版,出版地为北京,出版社为人民出版社,出版年为1954.4（1972.2重印）……著录的项目和标记符号完全按照格式。

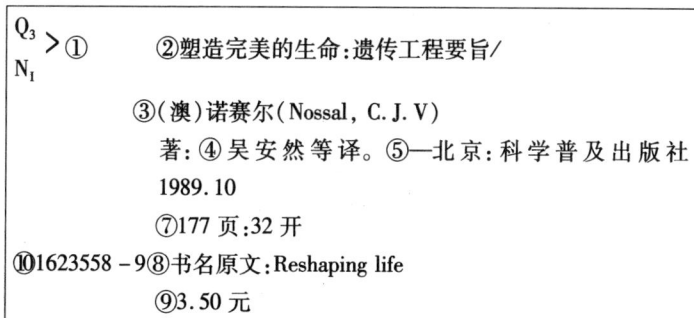

```
Q₃  ＞①       ②塑造完美的生命:遗传工程要旨/
N₁
            ③(澳)诺赛尔(Nossal, C. J. V)
            著:④吴安然等译。⑤—北京:科学普及出版社
            1989. 10
            ⑦177 页:32 开
⑩1623558－9⑧书名原文:Reshaping life
            ⑨3. 50 元
```

图 4.3

图 4.3 为一般图书馆目前采用的著录格式,省略排检项及提要项,片中各项分别为:

①索书号为 $\frac{Q_3}{N_1}$,Q_3 为分类号,N_1 为种次号。索书号是表明该书在书架上的位置,通常由分类号和著者号或书次号两部分组成。

②书名为《塑造完美的生命:遗传工程要旨》,其中"遗传工程要旨"为付书名。

③著者即第一责任者为(澳)诺赛尔(Nossal,G. J. V.)。

④第二责任者是译者吴安然。

⑤为出版项,出版地是北京,出版单位是科普出版社,出版年为 1989. 10.

⑦页数和开本

⑧附注项,注明该书的原书名

⑨书的价格

⑩该书收藏的财产流水号(登录号)及收藏的数量,收藏的数量为 1623558——1623559,2 本。

二、西文图书卡片著录格式

从西文图书的基本著录格式中可以看到,它与中文普通图书基本相同。所不同的是西文图书以著者款目作为主要著录,也就是说,把著者项提到标目位置处,作为主要款目。图4.5为西文图书基本著录的实例。

```
标目
    正题名 = 并列题名:副题名或题名的解释文字/第一责任说明;
混合责任说明. —版本项/与版本有关的第一责任说明. —文献特殊
细节项. —第一出版地:第一出版者,出版年。
    文献数量及单位:图表及其它形态细节;尺寸 + 附件说明. —(丛
编正题名/与丛编有关责任说明,ISSN 号;丛编编号。子丛编名,子丛
编 ISSN 号,子丛编编号)
    附注项
    国际标准号:价格
    Ⅰ. 书名Ⅱ. 责任者Ⅲ. 主题Ⅳ. 分类号
```

图4.4　西文图书的基本著录格式

```
①0484        ②Tannoo,M.
YLI
             ③Atomic and electronic structure of surfaces:theoretical
         foundations/M. Lannoo, P. Friedel. ④Berlin:⑤Springer –
         Verlag,⑥c1991.
⑪2019706    ⑦xii, 256 P. : ill. ;25cm.
             ⑧（Springer series in surfaces sciences, 16）
             ⑨ ISBN 038752682X:Y￥ 350. 00
             ⑩ Ⅰ. . Solids 2. Semiconduc ≠ or Title Ⅱ . Author
             Ⅲ 0484
```

图4. 5

注:①索书号　②标目(著者)　③书名　④出版地　⑤出版社　⑥出版年　⑦页数和开本　⑧丛书名、丛书编号　⑨国际标准号和书的价格　⑩排检项　⑪时产登记号

前面已经提到,款目类型除以上基本款目外,还有辅助款目,即按标目的不同性质可分为书名款目、责任者(著者)款目、主题款目、分类款目等。不同款目组成不同类型的目录。以书名款目为排检点组织起来的目录为书名目录,主题款目组成主题目录,著者、分类款目分别组成著者目录、分类目录。读者不论从其中任何一种途径(书名、著者、主题、分类)都可以在相关的目录中检索到这本书。

图4.6表示同一种书的几种不同款目:

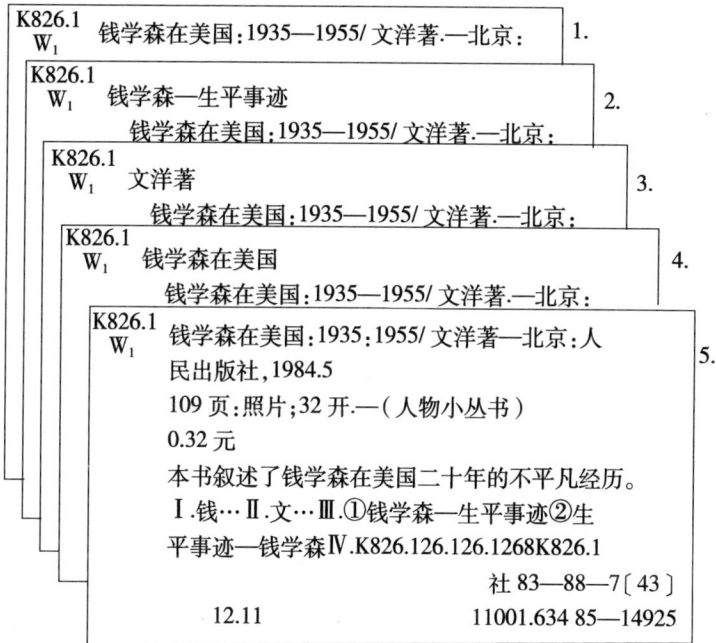

图4.6

1. 分类款目

2. 主题款目

3. 著者款目(责任者款目)

4. 书名款目

5. 基本款目

从上可知,所谓标目就是添加在著录正文之上的项目,它在目录排列中起主导作用。每种图书编制的各种标目都必须位于整个款目之首,但目前有不少图书馆也常在一些可供排检的著录项目下划红线,表示以此作为标目,而不再著录于整个款目之首。具体做法见图4.7和图4.8。

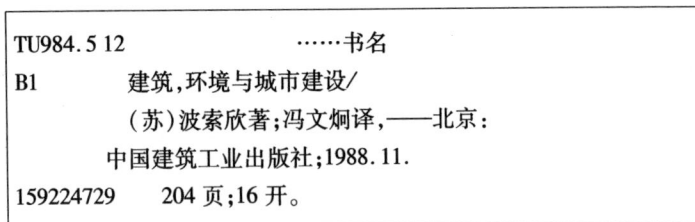

```
TU984.5 12              ……书名
B1        建筑,环境与城市建设/
          (苏)波索欣著;冯文炯译,——北京:
          中国建筑工业出版社;1988.11.
159224729    204 页;16 开。
```

图4.7

图4.7 这张卡片在著者波索欣下划有红线,表示是以著者作标目,应排在著者目录中,按著者"波索欣"的字顺排列。

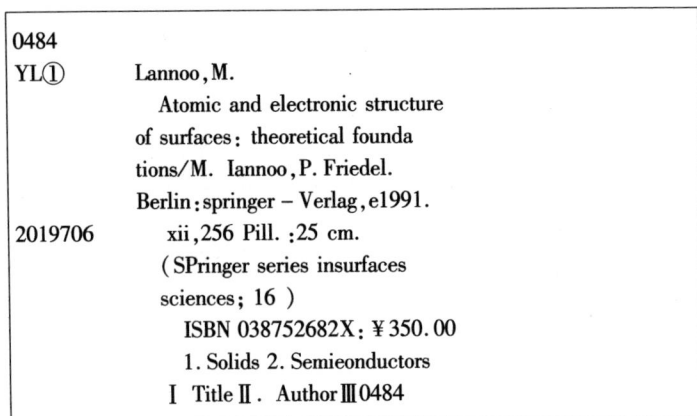

```
0484
YL①      Lannoo,M.
         Atomic and electronic structure
         of surfaces:theoretical founda
         tions/M. Iannoo, P. Friedel.
         Berlin:springer – Verlag, e1991.
2019706     xii,256 Pill. ;25 cm.
         (SPringer series insurfaces
         sciences; 16 )
           ISBN 038752682X:￥350.00
           1. Solids 2. Semieonductors
           Ⅰ Title Ⅱ. Author Ⅲ 0484
```

图4.8

在图4.8中,红线划在书名项下面,表示以书名作标目,按书名"Atomic……"的字顺排在字顺目录或书名目录中。

在划红线表示标目的目录中,读者要注意的是,该款目以划红线的项目作排检项,应按此顺序查找。

第四节　目录的排列法

目录的排列方法基本上分为两种:一是按照图书内容所反映的学科体系的类目进行排列,即分类目录排列法,二是按图书著录的不同标目的字顺组织起来,即字顺目录排列法——书名、著者、主题目录排列法。

一、分类目录排列法及其使用

分类目录是依据所采用的图书分类法的体系,用代表类目先后次序的分类号排列起来的。在本章第一节里已经讲到,一般的图书分类法均按层次逐级展开,所以分类目录是按小数制顺序排列。例如,分类号"312"要排在"3115"之后,排在"42"之前。请看,图4.9是按照《科图法》排列的目录卡,图4.10是按照《中图法》排列的目录卡。

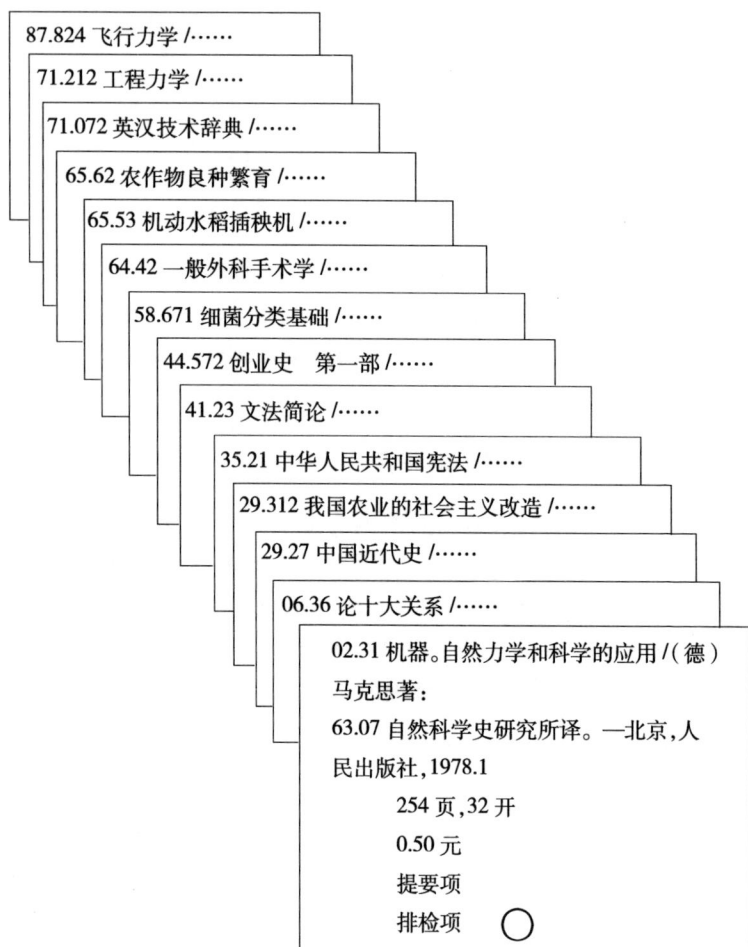

87.824 飞行力学 /……

71.212 工程力学 /……

71.072 英汉技术辞典 /……

65.62 农作物良种繁育 /……

65.53 机动水稻插秧机 /……

64.42 一般外科手术学 /……

58.671 细菌分类基础 /……

44.572 创业史 第一部 /……

41.23 文法简论 /……

35.21 中华人民共和国宪法 /……

29.312 我国农业的社会主义改造 /……

29.27 中国近代史 /……

06.36 论十大关系 /……

02.31 机器。自然力学和科学的应用 /（德）

马克思著：

63.07 自然科学史研究所译。—北京，人

民出版社，1978.1

254 页，32 开

0.50 元

提要项

排检项 ◯

图 4.9

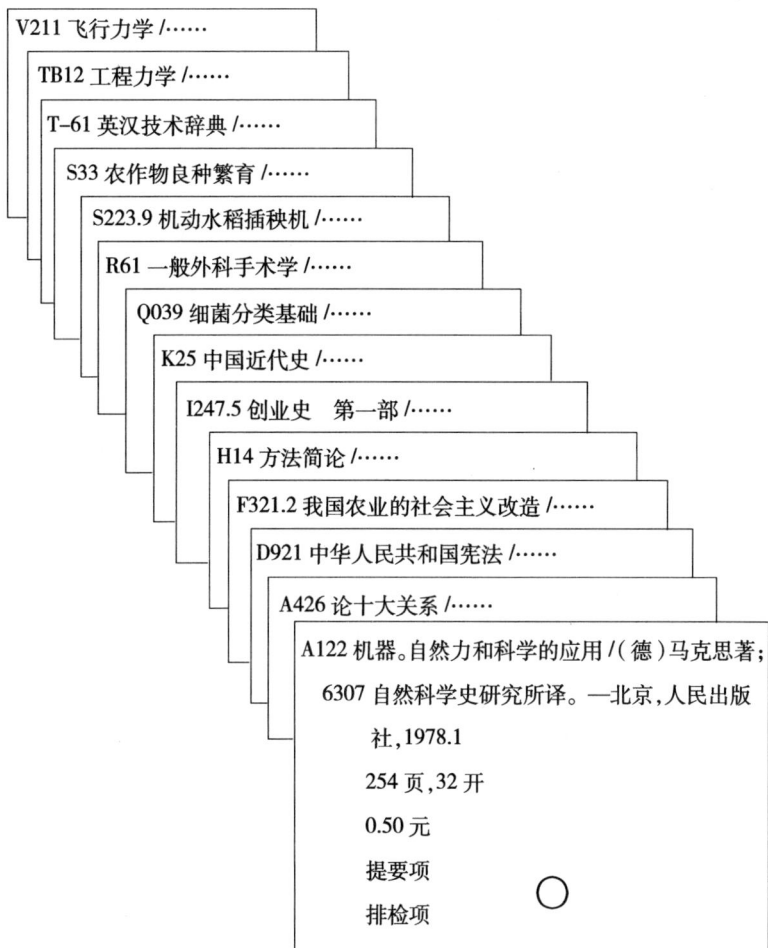

V211 飞行力学 /……

TB12 工程力学 /……

T-61 英汉技术辞典 /……

S33 农作物良种繁育 /……

S223.9 机动水稻插秧机 /……

R61 一般外科手术学 /……

Q039 细菌分类基础 /……

K25 中国近代史 /……

I247.5 创业史　第一部 /……

H14 方法简论 /……

F321.2 我国农业的社会主义改造 /……

D921 中华人民共和国宪法 /……

A426 论十大关系 /……

A122 机器。自然力和科学的应用 /（德）马克思著；
6307 自然科学史研究所译。—北京，人民出版
　　 社，1978.1

　　 254 页，32 开

　　 0.50 元

　　 提要项

　　 排检项

图 4.10

图 4.11 是目录导片的排列顺序,图 4.12 是目录卡片的排列次序。

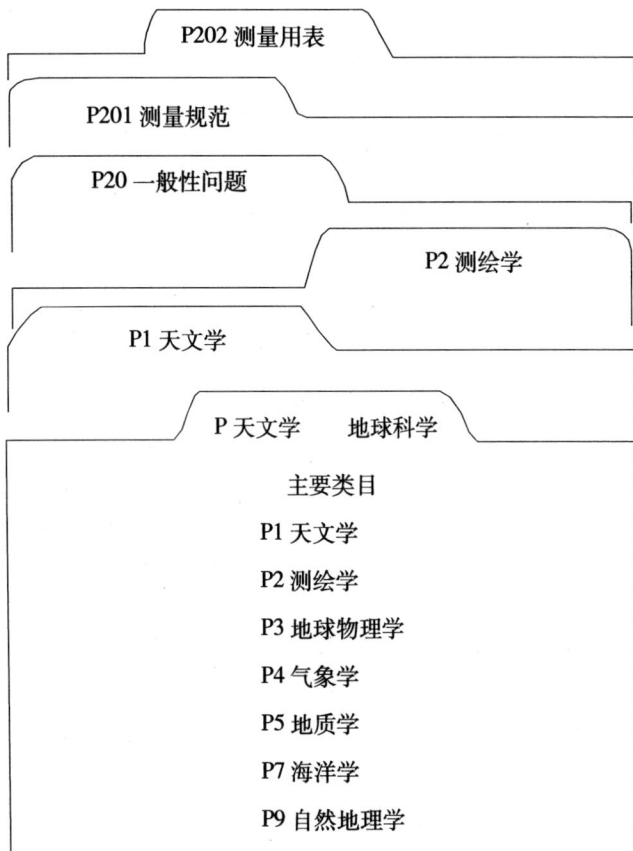

P202 测量用表

P201 测量规范

P20 一般性问题

P2 测绘学

P1 天文学

P 天文学　　地球科学

主要类目

P1 天文学

P2 测绘学

P3 地球物理学

P4 气象学

P5 地质学

P7 海洋学

P9 自然地理学

图 4.11 目录导片排列顺序

70

分类号	书名	著者
A711 G2	马克思的伟大一生	顾锦屏等著
BO - O H1	通俗哲学	韩树英主编
C912.3 K2	怎样影响他人	（美）卡耐著
C912.3 K3	人际交往和理解	（美）克莱恩科著
C912.3 S3	受人欢迎的交际法	沈自强编译
C912.3 Y3	现代人际关系	严炬新，黄静洁编译
G250 R1	图书馆学五定律	（印度）阮冈纳赞著
J215 C2	水彩风景画技法	蔡南生著
TB11 Y2	工程数学	叶显驰编
X12 Z2	环境水力学	张书农著

图 4.12 目录卡片的排列次序

从以上几个图例可知，分类目录是按分类号的顺序排列的，把相同分类号的卡片集中在一起，形成分类目录中的一个类，为了醒目起见，目录内均设置导片提示读者（如图 4.11）。把一类一类的卡片排成一个顺序，形成一个与分类法相同的体系。相同分类号的卡片排在一起，则表示同一学科门类的图书。同类书的排列，各馆采用的方法不同，有的馆采用著者号码表，按号码顺序排列，有的馆采用种次号（也叫书次号），按每种图书的到馆先后次序或分编先后的顺序排列。图 4.12 就是采用种次号方法排列的实例。

如 C912.3 公共关系学这一类的书集中在一起，再依种次号 K2，K3，S3…的顺序排列。这种次序与书库中图书排架完全相同。但在分类目录中与书库排架有所不同，书库中是一书一号，在分类目录中有的书有附加分类号的卡片，附加分类号不作排架用，仅为读者提供该书的另一条分类检索途径。因为有些图书的内容会涉及几个学科，为了使读者能从不同的学科方面查找到这些图书，通常就给它 2 个分类号，图书馆一般确定其中一个分类号为索书号，另一个分类号在卡片的最下面的排检项内有反映，并将该分类号写在卡片的右上角处再排在分类目录中。图 4.13 中的那种图书，在分类目录中有 2 张分类卡，即 F－51 和 F224.0，分别排在相应的位置里。

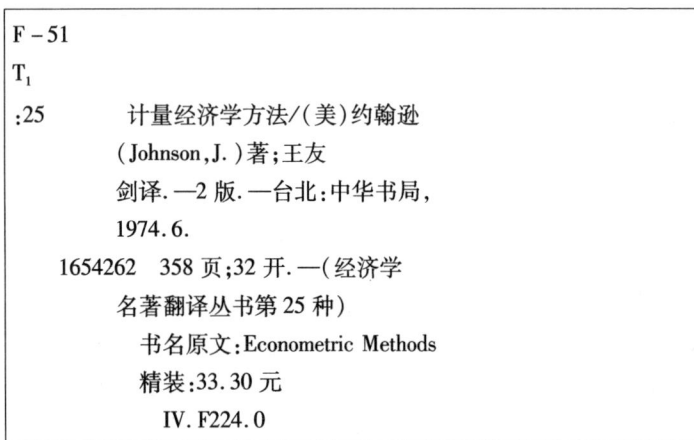

F－51
T_1
:25   计量经济学方法/（美）约翰逊
（Johnson,J.）著；王友
剑译.—2 版.—台北：中华书局，
1974.6.
1654262   358 页；32 开.—（经济学
名著翻译丛书第 25 种）
书名原文：Econometric Methods
精装：33.30 元
  IV. F224.0

图 4.13

读者可以从该书内容的学科分类号 F224 这一类中去查找，也可按《经济学名著翻译丛书》所属学科 F－51 中去查找。

根据分类目录的内容和特点，查找分类目录的具体步骤是：

先按学科内容，根据目录抽屉上的标签，找出你所需要查找学科门类名称及分类号的目录抽屉，然后，再在目录抽屉内的导卡指引下,查找你所需要的那本书的卡片。例如,你要找有关人际关系的书,首先确定"人际关系"所属学科的类目,它是一种社会关系→社会关系是社会学研究的对象→社会学又属于社会科学的范畴,根据这个思路,你就可以在《中图法》中找到人际关系所属的上下位类目:

C　　　社会科学

C91　　　　社会学

C912　　　　　社会结构和社会关系

C912.3　　　　　社会关系

人际关系这一类的分类号为 C912.3。在分类目录"C912.3 社会关系"这一类中查出《怎样影响他人/(美)卡耐基著》、《人际交往和理解/(美)克莱恩科著》、《受人欢迎的交际法/沈自强编译》、《现代人际关系/严炬新、黄静洁编译》等四本书。知道这些书的书名和著者,并查得这些书的索书号,就可到书库中去查阅。

二、字顺目录排列法

字顺目录主要包括书名目录、著者目录和主题目录。我国大学图书馆一般设置书名目录和著者目录,尚未普遍设置主题目录。不少图书馆的外文图书(西文、俄文)字顺目录是将著者和书名的各种款目混在一起按字顺进行词典式排列,中文图书的书名目录和著者目录一般是分立式的。

在前面介绍的目录著录格式时,已经讲到著录标目,以什么标目作款目,就按照用作标目的款目顺序排列。字顺目录就是按照用作著录标目的书名、著者(责任者)和主题词的特定字顺,根据图书馆所采用的排检法排列起来。简言之,字顺目录就是根据各款目的标目文字的顺序组织起来的。总的规则有如下几条:1)先按标目的第一个词的先后次序排,第一词相同时,再按第二个词排,依此类推。2)书名(或著者)完全相同时,再按著者(或书名)

的字顺排。3）年鉴、多卷书分别著录时,依年份或卷次排列。4）一书的评价、注释、索引、补编等,排在被评价、注释书的后面。5）著者目录中,不同著者其姓名相同时,在著者后注明著者生卒年代,以示区别;同一著者的不同著作,一般按著作方式,即著、编、译、校顺序排列;同一著作方式的,按全集、选集、单行本顺序排,然后再按书名的字顺排。6）在主题目录中,先按标目字顺排,当标目相同时,再按副标目字顺排,但用历史年代为副标目时,按年代顺序排;地区为副标目时,按区域范围排;同一标目下的著作,一般与分类目录同类书的排列方法相同。7）书名里有数字,一般按相当的文字排,例如:"4""IV"在中文图书目录中,要按"四"排。在英文目录中要按"four"排列。同样在英文目录中的"4th"要按"four"字排列,但目前已有相当数量的图书馆将数字排在所有词或字母的最前面或最后面,换句话说,数字开头的书名款目排在所有词或字母开头的最前面或最后面,如果数字在书名的中间或最后,则先比数字前的字母顺序,当数字前的字母相同时,把有数字的款目排在先或后,以此类推。8）书名里有其他文种的字母,一般排在原文种字母的最后,如果第一字就是其他文种的字母,则排在所有第一字是原文种字母的书名款目之后,如果第二字是其他文种的字母,则先按第一个字排列,第一个字相同时,再排在第二字是原文种字母的书名款目之后,依此类推。有的图书馆将书名前含有其他文字的款目与书名前含有数字的款目排列方法相同,一起排在书名目录(或字顺目录)最前或最后,其他文字的书名款目位于数字之后。9）缩略词一般要按它的全称排列,如"St"、"Mr"、"CA"分别要按"Saint"、"Mister"、"Chemical Abstracts"排列,但目前已有不少图书馆打破了这种习惯,将缩略词作为一个词来排列。

目前我国图书馆中文图书的字顺目录主要采用汉语拼音字母排检法和笔划笔形排检法,还有部首法和四角号码等排检法。下面再分别简单介绍一下中文图书字顺目录的主要排检法和外文图书字顺目录的排列方法。

1. 中文图书字顺目录排检法

（1）汉语拼音音序法

这种排列法又分为以下几种不同的方法：

①完全按《汉语拼者方案》拼写连缀的字母顺序排列。如《汉语主题词表》：

Anlaofenpei

按劳分配

Annan

安南

Annanren

安南人

Anniu Zhanzheng

按钮战争

Anping cheng

安平城

Meitian dizhi

煤田地质

Meitian gouzao

煤田构造

Meitian jiahejin

镅添加合金

Meitian kaifa

煤田开发

Meitieshanshi

镁铁闪石

Met tongweisu

镁同位素

Mei tongweisu

镅同位素

······

②完全按汉语拼音的音节顺序排列，音节相同再按声调排。如：

fēn bié	分别
fēndì	分地
fēnfán	纷繁
fényíng	坟茔
fénhuà	焚化
fěnbǐ	粉笔
fèndòu	奋斗

③以汉语拼音音节顺序为主，辅之以笔画笔形。首先按汉语拼音字母顺序，再将首字母相同的汉字集中，按第二个字以下汉语拼音排。例如：

《列宁全集》Lie ning quan ji

《毛泽东选集》Mao ze dong xuan ji

《斯大林全集》Si da lin quan ji

如果标目的音节相同再按声调排，声调相同再按笔画排。例如：

《埃及》āi jí

《癌的药物治疗》ái dé yào wu zhi liáo

《矮脚南特》ǎi jiǎo nán tè

《爱社的人》ài shè de rén

如果首字的音节、声调、笔画全相同，按笔形的先后次序排。例如：

《沥青表面处理》lì qīng biǎo miàn chǔ lǐ

《丽梅的心事》lì méi de xīn shì

《励磁机》lì cí jī

《利用野生植物》lì yòng yiě shēng zhí wù

(2)笔画笔形法。它的具体排列法是：

①先按汉字的笔画多少排，笔画少的在前，多的在后。如：日、世、外、英、美……

②如果笔画相同，则依起笔的笔形点、横、竖、撇（、）（一）（丨）（丿）的次序来排。例如，同是五画，其排列顺序为"汉、世、田、外"。如果起笔相同，则依次比笔形排。例如：同是五画，起笔为（、），其排列顺序为"汉、永、让、礼"。

按照笔画笔形法组织起来的书名目录和著者目录，其具体查找的步骤首先是要根据书名或著者第一个字的笔画，在目录柜中找到相应笔划的目录抽屉，再按其首字的起笔笔形顺序，找出该字的导卡，再在导卡后，按第二个字的笔画笔形的顺序查找，直到找到为止。例如，要查找《建筑、环境与城市建设/（苏）波索欣著》一书图书馆是否收藏，在书名目录中查找，书名的第一个字"建"是八画，起笔为横（一），在八画起笔为（一）的抽屉中查到该书的卡片，其索书号为 TU984.512/B1，我们就知道图书馆里收藏了这种书。并知道该书在书库中的位置。

如果只知道该书的著者，具体书名不清楚，可在著者目录中查找，首先确定著者"波索欣"中第一个字"波"是八划，起笔为点（、），就可以在八划，起笔为点的这个抽屉中检索到该书的著者卡，阅读卡片内容，抄下索书号就可去书库索取。

中文图书字顺目录的排列除上面二种方法以外，有的图书馆采用四角号码排列法和部首排检法。

四角号码排列法是按方块汉字的四角形状，依四个角的笔形结构相应给予一定的号码，按字的左上、右上、左下、右下四个角的次序分别取四个号,再依号码大小顺序排列。"1横2垂3点捺,4叉5串方框6,7角8八9是小,点下有横变0头"这首口诀,就是汉字取号的方法概括。这种排列方法主要是按照商务印书馆编辑出版的《四角号码新词典》所采用的方法。

部首排检法是先按字的部首笔画多少排列,部首相同的再以字的笔画多少排列,这种方法起源于《说文解词》,目前的代表作是新华辞书社编的《部首排列新华字典》。

2.西文图书字顺目录的使用

凡是采用拉丁字母的文字通常称为西文,我国大学图书馆收藏的西文图书一般有英语、德语、法语、西班牙语、意大利语等等。

西文图书字顺目录包括著者(个人责任者、团体责任者)目录和书名(正书名、并列书名、丛书名等)目录,按照著者和书名的拉丁字母顺序混合排列。字顺目录的排列一般采用逐词排列法(Word by word),很少使用逐字母排列法(Letter by Letter)。逐词排列法的基本规则是首先以单词为单位,单词内再按字母的先后次序,词词相比,逐词排列。例如:

Low cycle

Low energy

Low order

Low temperature

Lowdin,Per—Olev

Lown

逐字母排列法不是以词为单位,完全按字母的先后次序排列,这种排列方法不能集中相同的词,如上面的排列顺序就要排列成这样的顺序:

Low cycle

Lowdin,per—Olev

Low energy

Lown

Low order

Low temperature

"Low"这个单词就不能集中,前前后后都有,对读者的检索带来不便。因此通常采用逐词排列方法。

下面分别介绍著者目录和书名目录的排列法:

(1)著者目录排列法

①按著者姓名的字母顺序排列,姓在前,名在后,姓与名之间用逗号隔开,以词为单位,先比姓,姓相同时再比名,词词相比,以此类推。例如著者 N. A. Gokcen,排列时,顺序为 Gokcen. N. A. ,著者 Bernard A. Schrefler 排列顺序为 Schrfler, Bernard A.

如果姓名相同,再依书名的字顺排比,例如:

Smith, G. N.

Elements of foundation design……

Smith, G. N.

Probability and statistics in

civil engineering……

在著者和书名混合排列的目录中,若组成书名的第一个词是人的姓时,则排在同姓的最后。例如:

DUCK, Steve

Duda, Richard O.

Duden, Konrad, (1829—1911)

Duden, Konrad

Duden Bedeutungsworter buch

Duden Grammatik den…

……

②姓前的前缀和带有省略记号的姓及带"一"复姓等的排列。姓前的前缀如 de, dela, des, du, la, le, Mc, Mac, Van, Vander, Von, Zu, Zum, Zur 等作为姓的一部分,排列时作为一个词。例如:

Deanr, J. R.

De Chair, S. S. (当作 Dechair 排)

De La Mare, W. J.

De Maine, Paul A.

Des Barris, B.

Du Bois, W. P.

La Faver, Emma.

Le Galley, Donald Paul.

Vander Meulen, C.

Van Dyke, Henry.

Von Neumann J

Zum Neumann, J.

Zum Felde, H.

带省略记号的姓,其省略记号略去不排。例如:

D'Aras 作 Daras 排

L'Estoile 作 Lestoile 排

O'Grady 作 Ograady 排

O'Rourke 作 Orourke 排

复姓中间无论有无"一",均作为一个字排比,按字母顺序排在同一单姓之后。例如:

Bellotti, Felice

Bellotti—Bon, Augusto.

Bellottini, H.

80

Pilo Gonzalez, Daniel.

Smith, Woodrow.

Smith—Masters, Magret Melville.

中国、朝鲜、越南等国的人名,在姓与名之间无论有无逗号
(,)或连号(—),均按单独的词排列,词词相比。如:

Ho—Chi—Minh

Hua Kuo—feng

Kim Il Sung

Lao—tzu

Li, Chi

③机关团体著者款目的排列

机关团体著者与个人著者排在一起,按字母顺序排列,词词相
比。若第一个词相同,则个人著者在前,机关团体在后。

Addisson, William

Addisson Gllery of America Art.

 Andorer, Mass.

Addisson—Wesley Press Inc. ,

 Cambridge, Mass.

机关团体名称一般按其全称排列,但目前的趋势是把缩写名
称作一个词排,如 AIAA:

(American Institute of Aeronautics and Astronautics), IEEE(Institute of Electrical and Electronics Engineers)按 AIAA, IEEE 的缩写
名排列。但在全名处有参见片指引你到缩写名称的顺序位置去
查找。

(2)书名目录排列法

①按书名的字母顺序排列,词词相比,一直比到句号为止。非
拉丁字母的书名排在字母 A 开始的书名前,数字排在各种字母
之前。

如:

2688 Progruamming for logicdesign

ΣΟΦΟΚΛΓΟΥΣΙΧΝΕΥΤΑΙ

AGROMAX System

American civil engineering practice.

②冠词的排列

所有处于语首的定冠词与不定冠词一般略去不排,但在书名中的冠词照排,例如"The New introducing……"按 New 排,冠词 The 不排。排列时略去语首的定冠词和不定冠词有:

英文:The,a,an

法文:le,la,l′, Les,un,une

德文:der,die,das,ein,eine

……

法文中"un""une"作为数字时,不能省略,仍然照排。其他语种的冠词不一一列举,一般图书馆很少入藏这些语种的图书。

(3)会议录的排列法

在字顺目录中,会议录是按其会议名称的字顺排列,然后再按会议届次或年代的顺序排比。例如:

Conference on Hilbert Space Operators

Conference on Information Sciencn and

    Systems(1975:Baltimore)

Conference On Information Science and

    Systems(1977:Baltimore)

Conference on Natural Gas Research

    and Technology (lst:1971:Chicago)

以会议缩写名称开始的书名,把缩写词作为一个单词排比。例如下面三种会议录的排列顺序。

TP392—5
YA1
1985   ACM SIGACT – SIGMOD Symposium on Principles
             of Database Systems(5th:1986:
             Cambridge, Mass.)
             Proceedings of the······New York, N. Y. :
             Association for Compurting Machinery, Inc. ,
             1985.
2005232—3Y   293P   :ill. ; 29cm.

图 4. 14

V211—5
YA4
1985:3   AIAA Fluid Dynamics and Plasmadynamics and Lasers
             Conference(18th:1985:Cincinatti, Ohio);
             V. 3—New York, N. Y. :American Institute of
             Aeronautics and Astronautics, 1985.
             IV. (various pagings), ill. ;28cm.
2005104—5y

图 4. 15

TP31—5
YI19
1986   IEEE Computer society International Conference on Ada^{TM} Ap-
             plications and Environments (2nd: 1986: Miami Beach,
             Fla.)/ sponsored by the IEEE—CS Computer Languages
             Technical Committee. —Wash. , D. C. :IEEE Computer
             Society Pr. ,1986.
             152P. :ill. ;28 cm.

图 4. 16

图 4. 14 按缩写词 ACM 的顺序排列, 图 4. 15 按缩写词 A –
IAA 的顺序排列, 图 4. 16 按缩写词 IEEE 的顺序排列。

以上简单介绍西文图书字顺目录的排列法, 详细规则可参见
《西文编目实用教程/夏勇, 周子荣编著》一书。

3. 俄文图书字顺目录的排列与西文图书基本相同, 不同的是
按斯拉夫字母顺序逐词排比, 在此不再细述, 列举实例如下：

1. _____

TP242 – 5
  EA1

          Автоматизация нроектирова –

          ния и программирования

          роботов и гнс сборник

  _____

2. _____

H31
EA2   Алохина, А. и.

          Англииский язык. – –

  _____

3. _____

  TM714
  Er1   Гук, 10. Б

          Анализ надежноетм злектро –

          знергетLщескИL уетаневок.

  _____

4.

H31
EA2   Алехина, А. и.

       Английский язык. – –

5.

TU31
EB1   Воеводин, А. А

       прецварителБно нанряженные
       системы зементов конструк –
       ций. ——м. : стройиздат,
       1989。
770118   304с. ;20 cm.

以上五张卡片按斯拉夫字母顺序逐词排列。第3,第4张卡
片依红线所划的字母顺序排列。

4. 日文图书字顺目录的排列法

目文图书字顺目录排列的基本规则为:

(1)依日文检字表顺序排列,汉字在前,假名在后。

(2)凡有汉字组成的书名或著者,除日本常用汉字外,均按繁
体字的笔画排列。

(3)书名或著者中有日文假名者,均排在同位汉字之后,完全
由日文假名组成,则排在日文汉字之后,以"五十音图"的顺序
排列。

(4)凡书名中有阿拉伯数字,罗马数字均排在书名目录的最
后面。

日文图书的字顺目录包括书名目录和著者目录,一般是分立

式的。

5. 中外文图书目录的相互关系

在介绍各类型目录功用时,已特别指出。读者要学会利用各种目录之间的相互关系,以扩大检索范围。在收藏有多种文字图书的图书馆里,通常将翻译的文献在中外文图书目录中联系起来。例如,对既有译本也有原著的图书,在原著的款目上注明馆藏中译本的书名与译者(通常在原著文字目录中排入中译本的卡片),在译本款目上注明书名原文,并说明图书馆藏有此书的原本。又如,对有译本而无原著的图书,用原文书名或责任者作参照卡(亦可叫排入原著者或原书名卡),指明图书馆藏有译本。例如下面一种图书:

B848 M7	自我设计的新天地:给你带来成功和幸福的心理技术/ (美)米歇尔(Mischell,P,L.)著;译.—北京:中国工人出版社,
	171 页;32 开.—(星星丛书)
1625660 – 2	
	书名原文:Beyond Positive thinking 2.30 元

图 4.17

读者可依原文著者 Mischell 的字顺在西文图书字顺目录中查明图书馆是否收藏原著"Beyond Positive thinking",结果在西文图书的字顺目录中没有发现原著卡片,而查到该书的中文译本的卡片,从而告诉读者该书有中文译本,无原著。

有一些图书使用多种文字,有的是二种文字对照,这样的图书在各种文种的分类目录中互作参见,其中不同文字的书名和著者都排列相应的著者卡和书名卡,读者能从各文种目录中检索到这种图书。

对几种语言对照的词典,在中外文图书目录中,是这样排列的。一种语言的词典在分类时入该语言类(如《新华词典》入汉语类 H164);汉语和外语对照的词典均入有关外语类,但一般作为中文图书。如英汉词典入英语类,其《中图法》的分类号为 H316,汉英词典亦入英语,其分类号为 H316,这些图书的卡片排在中文图书的分类目录和字顺目录中。二种外语对照的词典分类时入前一种外语,如英俄词典入英语类 H316,俄英词典入俄语类 H356。前一种英俄词典作为俄文图书,另一种俄英词典一般作为西文图书,决定图书的文别一般以使用的文字或解释文字为准。

专科词典、专业术语集,不论是一种语言还是多语言的,均入各学科类,它的卡片在有关文种的目录里均有反映。例如

TQ-61　　化工辞典/王箴主编

TQ-61　　日汉化学化工常用词汇/朱洪法编

TQ-61　　日、英、中化学化工大辞典/左秀灵编

T-61　　Fachworterbuch Polygrafle:English,

　　　　　　Deutsch,Franzosch,Russisch,

　　　　　　Spanisch,Polnisch,Ungarisch,

　　　　　　Slowakisch /Herausgegeben

　　　　　　Von Wolfgang Muller……

(英、德、法、俄、西、波、匈、捷克斯洛伐克对照技术词典)

三、非书资料目录的使用

非书资料目录与图书目录相比,不同点仅仅是它们反映的载体不一样,图书目录反映的是传统的印刷型出版物,而非书资料目录反映的是视听资料、缩微资料等非印刷型出版物。因此目录的设置和使用基本相同,一般亦有分类目录、书名目录、著者目录。有的馆将这些卡片与图书目录混排在一起,有的馆考虑到方便读者使用,

将它们另立系统。又由于目前这些非书资料数量并不太多,而查阅的人又较多,图书馆往往还专门编有书本式目录供读者使用。

当前非书资料大量的是盒式录音磁带、缩微资料、盒式录像带。盒式录音磁带的主要内容是供读者学习语言和音乐欣赏二大类,使用相当普及。现今不少图书馆的磁带是采用按财产流水号的顺序排架,仅供读者复录使用,读者必须利用目录查到财产流水号后方可复制使用。读者在阅读卡片内容时,首先要分清是图书还是磁带,把标有文献载体的代码和登录号写清楚,以便工作人员准确地为读者复录。文献类型标识号是根据国家标准 GB3792·4 –85 确定的。常用的标识号是:

AH – 盒式录音磁带

AP – 唱片

VH – 盒式录像带

MP – 缩微平片

RP – 磁盘

下面介绍非书资料的使用方法:

磁带代码······	AH
	J647.41　　爱的罗曼斯〔AH〕/潘洵演奏。
	P1　　　　湖北音像艺术出版社,1987.
登录号······	AH122583　　　1 盒

图 4.18

图 4.18 是非书资料的卡片,"AH"为盒式录音带的标识号。读者要复录"爱的罗曼斯"这盒磁带,抄下登录号 AH122583 交给工作人员即可复录。

```
H319.4:I      Beauty and the Deast〔AH〕/
YB₂
              Relold by vera Sauthgatle.

              Loughborouth:Ladybird

              Booris,1987.

图书登录号……  …971222      51P. ;18cm + 1Cassette.
磁带登录号……  …AH11553
```

图 4.19

图 4.19 这张卡片表示这种图书附有磁带。对于图书与磁带交错在一起,即图书附有磁带或磁带附有图书的多载体文献,读者可分别在图书目录和有关非书资料目录中查到。

缩微资料和其他视听资料目录的使用与磁带完全相同。图书馆有提供读者阅读缩微资料的缩微阅读器,读者查到缩微资料的登录号,工作人员按照这个号码顺序提取资料后供读者阅读使用。

```
MP       上海市金属学会炼钢,连铸,耐材联合学术
TF7
S1       年会(1989,上海):
1989     〔论文集〕〔M〕上海市金属学会,——上海:上海科学技术情
         报研究所,1991.

            9 张(98 格/张):10.5×14.8CM
MP0519
```

图 4.20

图 4.20 中 MP 是缩微资料的代码,目前国内出版的缩微资料大量是会议文献。考虑到会议文献既有缩微型又有印刷型,缩微资料卡片在图书目录中给予重复反映,读者在图书目录中查到有MP 代码的卡片,需到缩微资料室去阅读。

第五节　利用计算机查目

以上介绍的都是传统的手工操作的卡片式目录的使用,随着科学技术的发展,尤其是 50 年代以后计算机技术引入图书馆以来,利用计算机查目在发达国家的图书馆内已成为现实,并已成功地建立了计算机网络。目前我国不少高校图书馆也已开始起步。

利用计算机查目,就是把一条条馆藏图书的书目输入计算机内,形成一个馆藏书目数据库,成为图书检索系统。读者查目时,只要在计算机终端上查询,把需要查找图书的各种检索途径,如分类、书名、著者、主题等在键盘上按指令输入有关信息,屏幕上就会立即显示出详细的书目记录,书目著录内容与卡片著录内容基本相同。利用计算机查目效率高,检索途径多,它除了卡片目录中常用的分类、主题、作者、书名等几种检索途径以外,往往还可以有其他检索途径,例如国际标准书号、出版者、关键词等。不仅如此,还能对各种检索信息进行任意组配,使查找的范围可以扩大或缩小。有关计算机查目的具体方法,在有计算机查目系统的图书馆里,每个查目终端前一般都有简单易学的操作方法说明,在操作时,显示器上也会有明确的提示告诉你。下面以浙江大学校园内中速网上建成的图书检索系统为例,举几个用计算机查找的实例。

浙大校内的图书检索系统已输入图书馆 1991 年以后购进的中文、西文图书的书目数据,可供校内已联入网内的 66 个用户工作站使用,读者就近利用终端即可查询资料。在网络的终端机键盘上操作除了分类、著者、书名三种检索方法以外,还增加了关键词检索,并能新书通报查询。请看以下查询实例。

例一:从分类途径查询,查找 TP 类的中文图书收藏情况。

开机后,屏幕上显示《中图法》类目及其操作提示,即主菜单

A 马列主义，毛泽东思想	03 力　　　　学	TH 机械、仪表工业
B 哲　　学	04 物　理　学	TK 动力工程
C 社会科学总论	06 化　　　　学	TM 电工技术
D 政治，法律	07 晶　体　学	TN 无线电电子学、电信技术
F 经济	P 天文学、地球科学	TP 自动化技术、计算机技术
G 文化，科学教育，体育	Q 生　物　科　学	TQ 化学工业
H 语言文字	R 医　药、卫　生	TS 轻工业、手工业
I 文学	T 工　业　技　术	TU 建筑科学
J 艺术	TB 一般工业技术	U 交通运输
K 历史、地理	TE 石油、天然气工业	V 航空、航天
N 自然科学总论	TF 冶　金　工　业	X 环境、劳保、安全科学
01 数学	TG 金属学金属工艺	Z 综合性图书

索书号或书名，作者前加\：

H！—帮助提示，Q！或 N！—退出系统

压缩拼音韵母输入：ch(i)，sh(u)，Zh(a)，an(j)，ai(I)，ao(k)

ang(h)，eng(g)，ing(y)，ong(s)，en(f)，u:(v)

＊＊＊＊　请您轻触键盘＊＊＊＊

ALT＋F1＝区位2 五笔型3 拼音4 五笔画5 电报6ASCII 8 制

表符9 俄文10 重复

再键入 TP(回车),屏幕立即显示:

索书号	题名	责任者	出版项
1 TP－8 Z1－19	自动化名词 1990 全国自然科	自动化名词审定委员	－北京：科学出版社
2 TP11 X1	知识工程	徐良贤等编者	－北京：电子工业出
3 TP13H5：1	自动控制原理 上册	黄家英编	－南京：东南大学出
4 TP13H5：2	自动控制原理 下册	黄家英编	－南京：东南大学出
5 TP13 J2	现代控制工程学：动态系统的	曹广益,刘国亭编译	－上海：上海交通大
6 TP13L13	自动控制基础与调节仪表	李学琪,贾峰编	－北京：中国计量出
7 TP13 N2－2	自动控制原理习题集	胡寿松主编	－北京：国防工业出
8 TP13 W12	现代控制理论简明教程	汪声远编	－北：北京航空航
9 TPI3 X5－2	自动控制原理	谢鳞阁主编	－2 版－北京：水利
a TP13 23	随机过程与控制	杨世英,杨楹编著	－天津：天津大学出
b TP13－33 D1	自动控制原理实验教程	邓为民主编	－北京：航空工业出
c TP13－33 G1	自动控制原理实验	郭维藩主编	－哈尔滨：哈尔滨工
d TP13－44 Y1	现代控制理论基础例题与习题	尤昌德等编	－成都：中国科学技
e TP14 JI	信息技术导论	姜玉宪编	－北京：北京航空航

		郭云芳等	
f TP15 – G4	计算机仿真技术	编著	– 北京:北京航空航
g TP15 j1	数学模型与计算机模拟	江裕钊, 辛培清编者	– 成都:电子科技大
h TP15 W4	随机模型与计算机模拟	吴新瞻,吴新垣编著	– 北京:电子工业出
i TP15 W5	现代计算机仿真技术及其应用	王正中等编著	– 北京:国防工业出

序号——指定具体书目查询　N——退出　L——上页　其它键——下页

ALT + Fl = 区位 2 五笔型 3 拼音 4 五笔画 5 电报 6ASCII 8 制表符 9 俄文 10 重复

　　以上一个屏幕有 18 条记录,有操作提示,要知道 TP 类的全部收藏情况,再往下看,屏幕上会继续显示按《中图法》类号顺序排列的条目式记录 TP18……TP2……。如果要了解某一条记录的卡片式记录,可根据提示按该条记录的序号,屏幕就会显示该条目的卡片式记录。

　　例二:从书名途径查询,中文图书可以通过各种汉字输入法:五笔字型输入法、区位、快速、拼音等法输入汉字。如果输入全书名,专指度高,检索范围就小,查准率也就高。例如按"计算机网络"进行检索,即可看见以"计算机网络"开头的三条书目记录:

　　＊＊＊浙江大学 1991 年起中文馆藏新书检索＊＊＊

08:41:38

索书号	题名	责任者	出版项
1 TP393 T1,	计算机网络	( )坦尼伯姆 (Tanenba,	一( ):陕西省 高校
2 TP393 B1	计算机网络;协议标准与接	(美)布莱克 (Black,U	– 北京:人民邮 电出

3 TP393 H2	计算机网络及其接口分析	胡世熙,王达恩编著	–重庆:科学技术文

序号——指定具体书目查询　其它键继续

如果读者要了解某一关键词如"计算"方面的图书收藏情况,键入"计算"二字后,屏幕上立刻出现题名前含有"计算"二字的一系列书目供读者选择(前后条目按书名的汉语拼音的顺序排列):

浙江大学1991年起中文馆藏新书检索

08:40:11

索书号	题名	责任者	出版项
1 P631－5 D2	计算地球物理研究论文集:地	地球物理学报编辑委	–北京:地震出版社
2 0241Y1.1	计算方法	易大义等编	–杭州:浙江大学出
3 0241 Y4	计算方法	颜庆津等编	–北京:高等教育出
4 024 Z2	计算方法浅论及例题选讲	朱水根,龚时霖编	–天津:天津科学技
5 024 Y2	计算方法与实习	袁慰平等编	–南京:东南大学出
6 C931.9 Y1	计算方法与微机应用	袁慰平,张令敏编	–南京:南京工学院
7 TP3I2BA －8	计算机 BASIC 语言词典	傅教智,陈月编著	–哈尔滨:黑龙江科
8 TP309 L1	计算机病毒的原理及防治	林宣雄,叶涛著	–西安:西安交通大
9 TP309 Z1	计算机病毒的诊断治疗和预防	张汉亭编著	–青岛:青岛出版社
a TP309 L3	计算机病毒防范与信息对抗技	刘尊全著	–北京:清华大学出
bTP309 K1	计算机病毒防护	(美)凯恩著;笃强,	–北京:兵器工业出

索书号	题名	责任者	出版项
c TP309 H1	计算机病毒防治实用教程	何江安,梁新宇著	－北京:清华大学出
d TP309 N1	计算机病毒危机	(美)菲特斯等著;钮	－北京:中国劳动出
e TP18－6 Y2	计算机操作人员实用技术手册	喻小林等编著	－北京:海潮出版社
f TP301. 6 T1	计算机代数及其应用	陶庆生编著	－杭州:浙江大学出
g TP301 Z4	计算机导论	朱世明主编	－上海:上海科学普
h G134 W1	计算机的教育应用	万嘉若等编	－上海:华东师范大
i TP312MA W1	计算机第四代语言 MAPPER 系统	汪日康著	－杭州:浙江大学出

序号——指定具体书目查询　N 退出——上页　其它键——下页
ASCII 【半角】【联想】【简体系统】

　　如果要了解在书名中含有"计算"二字的图书情况,需要采用不同的操作方法,也可得到一系列的书目信息。

　　例三从著者途径查询,查著者姓名是"张福"开头的书。当系统显示主菜单后,键入某种汉字输入法的功能键,再键入"\"(反斜杠),后输入"张福"二字,屏幕就显示:

　　＊＊＊浙江大学 1991 年起中文馆藏新书检索＊＊＊

索书号	题名	责任者	出版项
1 TP212 Z4.2	传感器电子学	张福学编著	—北京:国防工业
2 TU857 Z1	交流调速电梯原理、设计及安	张福恩等编著	—北京:机械工业
3 TP212 Z4.1	传感器电子学及其应用	张福学编著	—北京:国防工业

| 4 TP212 – 6 Z2 | 实用传感器手册 | 张福学编著 | —北京:电子工业 |
| 5 TP316 Z4 | MS – DOS 操作系统的原理及其使 | 张福炎,李滨宇编 | —南京:南京大学 |

序号——指定具体书目查询　　其它键继续

　　在键盘上从著者途径查询,可以用姓名中的任何一个字检索,其输入法相同。但在输入任意字之前,必须先键入"＄"符号,屏幕上就会显示姓名中含有该字的一系列著者所著的一批图书。这种方法查全率高,不受第一、第二著者的影响。

　　以上三例表明,用计算机查目迅速、全面、准确,操作方法易学,操作者只要根据终端屏幕的提示和说明去查询,很快就能查到需要图书的书目,抄下索书号,即可去书库借阅。

思考题

　　1.图书馆藏书是怎样组织起来的?

　　2.图书馆有哪些类型的目录及其各类型目录的使用方法?

　　3.谈谈你所从事学科的《中图法》类目的分类号?

第五章 期刊的管理与利用

期刊是一种分期出版发行的连续出版物,英文名称为 Peri - odical,Journal 或 Magazine。期刊也称为杂志,是人类社会政治、经济和科学文化不断发展的产物。自从 1665 年 1 月 5 日法国人戴·萨罗创办了世界上第一种期刊《学者杂志》以来,由于它的出版快、内容新、信息量大和连续性强等特点,使得它能够始终紧跟时代前进的步伐而受到普遍重视,因此发展较快。据不完全统计,全世界1990 年发行的期刊种数已有 15 万种之多,我国出版发行的期刊已逾 1 万种。

期刊是大学图书馆的重要收藏之一,对学校的教学,科研发挥极其重要的作用。在国外,各著名大学的期刊收藏量甚多,期刊经费预算要占书刊总预算额的 70% 以上;国内各高等院校图书馆,期刊收藏量仅次于图书,约占馆藏总量的 1/4 ~ 1/2。

报纸,国外称为新闻纸(News Paper),也是一种重要的信息源,它的特征与期刊相似,人们常常合称为"报刊资料"。

怎样正确利用报刊资料,掌握报刊资料的特征、分类、管理和借阅的基本知识,对大学生来说,是读书必备的重要内容。本章分以下四节逐一讨论。

第一节 期刊的特征和类别

一、期刊的特征

1. 出版快：出版迅速是期刊的一大特点。按期刊编辑出版机构办理刊物的目的和任务以及每年所需的经费多少确定每年出版的期数，以月刊、双月刊和季刊居多，即要求做到一个月、二个月、三个月出版一期，周刊则要求每个星期出版一次。期刊刊载的内容主要是一篇一篇的论文，论文的长短也不同，少者3000字、5000字，多者达1万字。来自不同作者的几十篇的论文通过几组编辑人员分头审稿、校对，再递交责任编辑，一期期刊很快就完成了。有数十万字的图书出版的周期是很长的，少者一年半载，多者要几年才能出版。因为图书出版要求内容的系统性、逻辑性强，全书使用的语言、符号、图例要求统一、标准、规范。期刊出版的要求仅限于每篇论文之内，出版工作自然较快些。

2. 内容新：期刊刊载的内容按创刊的目的不同而各异，就科技期刊为例，刊载的是有关学科的科学工作者发表的新理论，新技术研究成果和新工艺、新产品的报道文章。论文的作者也希望把自己的研究成果率先在期刊上发表以抢先获得传播为目的，就构成了期刊刊载的内容始终保持在学科最尖端，最前沿的水平。因此，读者想要知道某个学科的最近发展，首先要去查阅该学科的各种期刊最新几期。如需要了解一个国家或地区的经济情况，通常去查阅有关这个国家或地区的经济地理、地图或专题介绍资料，可以了解到基本情况。但是，经济情况是随着政治、自然的诸多因素的影响，有时候变化较大，图书上所记载的内容是图书出版年以前的情况，要想了解该国的最新的经济情况，就必须从有关期刊或报纸上去查找,近期期刊所反映的内容是几个月前的情况,是最新的经济现状。总之,读者想要了解某种新情况要充分利用期刊的内容新这一特征。

3. 信息量大:期刊的又一特征是它包含的信息量大。信息量大首先表现在期刊的种数多,全世界的期刊总数达15万种,这15万种期刊散布在各个学科领域,一个学科拥有几种,几十种期刊,刊载内容自然是围绕着该学科的主题范围,反映该学科和相关学科各个不同的侧面。就一种期刊来说,每期都刊载数篇、数十篇论文,有的期刊还刊载书讯、广告、产品介绍,会议预告等各种信息,内容十分丰富。期刊的信息量还不只是从期刊的种数多,内容丰富来反映,而从刊载内容的深度上反映更加明显,有很多期刊论文广为他人所引用就证明了这点。诚然,期刊上刊载的内容在日后出版的图书中可能早晚会出现。但是,要想更为深入地了解问题的背景材料,历史演变、实验方法、仪器设备等方面的情况,还得依靠查阅期刊论文。况且,只有从期刊上你才能知道还有哪些方法是不成功的或者有哪些实验是失败的。

4. 连续性强:期刊一经创刊后就得连续不断地出版发行。随着时代的发展,它的内容不断地更新、补充、修正,永不重复。例如,《美国哲学会汇刊》创刊于1769,至今仍在出版发行。此外,绝大部分期刊每期的装帧也很固定,不但外形尺寸相同连封面的图案和色彩亦长期保持不变。

二、期刊的三要素

期刊的出版发行常以期率、时序和数序来标志它的连续性特征。人们常把期率、时序和数序称为期刊的三要素,它是区别于其它类型的连续出版物的主要标志。

1. 期率:期率也称为刊期,是一种期刊前后相邻两期出版的间隔时间。有周刊(Weekly)、旬刊(Decimally)、月刊(Monthly)、季刊（Quarterly）和年刊（Annuals），以及半月刊（Semi - Montly）、双月刊（Bi - monthy）等。也有少数期刊一年出五期或一年出十期的，或者是不定期的。有的期刊还把期率词用作刊名的组成部分来使用。如《时事半月谈》，《新闻周刊》（News Weekly），《天文学季刊》（Astronomy Quarterly）等。

2. 时序：期刊的时序是期刊每期出版的时间标志。在期刊的封面上或第一页上印有每期出版的年、月、日，每期出版的日期往往比较固定。

3. 数序：数序是标志各期出版的先后次序。如第几卷，第几期，不标卷号的期刊常用出版年标记，××年××期，大都用醒目的数字标在封面上。如月刊、月份既是时序也是数序"××年第几期"。有的期刊时序和数序同时使用，有出版年、有卷期数，这是由于某些期刊的年一卷不配套，有半年一卷，有跨年度为一卷等情况。为了便于区别外文期刊的数序，把英文、法文、德文和俄文的卷期词记载于后。卷为：Volume（英）、Tome（法），Band（德）Том（俄）。

期为：Number（英）、Numbo（法）、Heft（德）、Вынуск（俄）。

另外，外文期刊中还有用"辑"（Series）或"新辑"（New Series）表示数序的编号。有的期刊除了出版正规的卷期之外，在有的期数之后还出版附加的期号。如"专辑"（Specializue）、"附册"或"别册"（Supplement）等。

了解期刊三要素的目的，便于了解各种期刊的出版发行情况，也便通过"卷（年）期页"的引文标记判断引文的出处是否出自期刊。

三、期刊的类别

期刊的类别划分方法与图书相似，总是抓住某些基本特征入手，划分类别的目的在于对图书馆工作人员便于科学地管理，对读者方便利用。划分类别的方法有:从期刊刊载内容的科学体系,从期刊出版者的意图及适应于读者群体的范围,也可从期刊刊印的文种和从期刊加工的深度来划分,还可以从期刊被利用的情况来划分等,以下分别作简要介绍。

1. 按科学体系分类:与图书分类法一样,不同的图书馆采用不的科学体系分类法,我国目前主要使用的分类法是《中图法(期刊分类表)》。该分类法把全部期刊分为五大部类,五大部类之下再细分为若干类目,即:

A 类:马列主义毛泽东思想

B 类:哲学

C—K 类:社会科学

N—X 类:自然科学

Z 类:综合类

在这五大部类之下又分为 22 大类,社会科学大类下分为政治、军事、经济、教育科研文化、语言、文学、史地等,把自然科学分为基础科学和应用科学(详见第四章第一节)。

2. 以出版者的意图分类:按照期刊出版的目的及能适用于读者群体来分,可分为以下四种。

①普及型:这类期刊是为了普及知识、传播文化、教育民众而出版的,它集知识性、可读性、趣味性于一体,深入浅出地展示人类文明,使读者可以从中得到知识和教益。例如《八小时之外》、《民主与法制》、《科学美国人》(Scientific American),以及大众文艺期刊,科普刊等属于这种类型。

②学术型:这类期刊具有较高的科学研究参考价值,与普及型期刊相比刊载的知识要专深得多,大都是有关科技领域中的学术研究论文,技术报告,实验总结和发明成果等原始文献,是大学图书馆收藏的重点。按期刊的主办机构可概括为四大部分。由学术研究机构和学会主办的学术研究性期刊,如中国社科院哲学所的

《哲学研究》，中国科学院的《中国科学》，美国的电气电子工程师学会（IEEE）的很多期刊等。由工程技术部门主办的技术性期刊，如《云光技术》、《光电工程》、《美国实验室》（American Laboratory）等，由大专院校主办的学报，和由情报信息部门主办的信息研究性期刊也属于学术期刊。

3. 报道型：这类期刊是能迅速报道有关的社会动态、市场行情、研究成果、产品预告等各种通讯刊物，各行业及厂办期刊，以及统计、数据汇集的资料性期刊。例如《全国气候资料简报》（Climalogical data, National Summary），《光学通讯》（Optic communication），《西门子电子元件报告》（Siemens Component Report）等。但是，这类刊物刊载的内容与学术型刊物相比，区别并不十分严格，同样具有较高的参考价值，其差异在于报道型期刊侧重于刊载消息报道，学术型期刊侧重于刊载学术专论。

④检索型：这类期刊主要是由情报信息机构主办，报道各种文献的来源，如期刊论文、学位论文和专利文献的出处和内容摘要等。常见有题录、索引、文摘等，是用于查找文献线索的工具期刊。

3. 按文种分类：这与我国图书馆图书的文种分类是一致的。一般分为中文、日文、俄文和西文四类期刊。中文期刊还包括中国少数民族文种的少数邻国文种期刊，如朝鲜、蒙古、越南等文种刊物。由于这些文种的期刊很少，常作中文期刊处理。俄文期刊常包括斯拉夫语系的期刊。西文期刊包括英法意荷、西班牙、葡萄牙等文种，以及拉丁语系、希腊语系和阿拉伯语系的刊物。事实上，国内大学图书馆收藏期刊的文种主要是中、日、俄、英四大文种，德法意西荷等文种极少，其它文种更为罕见。在期刊文种的划分方面，为了方便读者查找自己所需的文种期刊，提醒大家注意以下几点：

①有少数期刊正文是中英对照或者有中文译注的，如《英语世界》，是划入中文期刊中的。

②期刊封面有两种或两种文种以上的刊名,不管这些刊名排列的先后顺序如何,期刊正文是什么文种就在该文种期刊类别中去查找。如《中国科学(英文版)》应在西文期刊类去查找。

③日本出版的少数期刊,封面只有英文刊名而正文全是日文,这种期刊仍归属日文期刊类,但在西文期刊的字顺目录中也有该刊的目录卡片可查。

④有的期刊从封面刊名到刊内的正文全都翻译成另一文种出版发行,如英译俄刊、英译日刊等。这些英译期刊自然全都在西文期刊类。

4. 按期刊的加工深度分类:在图书情报的文献中常常出现"一次期刊","二次期刊"或者"一次文献","二次文献"的称呼,这种称呼就是以情报工作加工的深度来区分命名的。所谓一次期刊是指刊载作者发表的原始文献的期刊,如普及型、学术型和报道型期刊。情报信息机构把一定范围内比较有用的、分散在一次期刊中的论文聚集起进行加工,或编成索引或题录,或编成文摘,以期刊的形式出版发行以供检索之用,这样的期刊称为二次期刊或二次文献。如《全国报刊索引(哲社版)》、《全国报刊索引(科技版)》,美国的《科学引文索引》(SCI)等。三次期刊或三次文献是指按某个专题选用一次文献和二次文献进行加工、整理、分析、研究、综合而编出的成果。如像××动态综论、××进展报告、××专题述评,××数据手册等。三次期刊或三次文献的特点是内容高度浓缩。

另外,核心期刊和期刊的级别这两个概念也需要作简要解释。

核心期刊这个词常与学科名称相联系,即"××学科的核心期刊"。如"物理学核心期刊","生物化学核心期刊"、"环境科学核心期刊"等。核心期刊是用刊载该学科论文的篇数(布赖特福文献分布定律法)、被引用论文的篇数(加菲尔德引文分析法)和读者借阅的次数等方法综合确定。这种量化评定虽然还没有统一的标准来划分档次,但是粗略的排名次序也能够排列出来作为参考。

期刊的级别,我国一直采用期刊的编辑单位的级别和期刊内容的性质来确定。如像,国家级、部省级、全国学会等单位主办的学术、研究性刊物,则被认为是一级刊物,一般大学学报摆在二级刊物的位置上了。

随着时间的推移,核心期刊、一级期刊、二级期刊也随着变化,寻求更完善的方法来量化评定期刊的质量仍旧有其积极意义。

第二节 期刊的目录和期刊的排架

一、期刊的目录组织

要了解期刊的目录组织首先要了解期刊目录卡片上的著录内容。见图5.1,图5.2的图示。

```
①社 SU    ②司法文书与公文写作/③中国逻辑与语言
———
920
          函授大学等——④1989,No.1⑤(1989.2)
          ~ =总1~。——⑥呼和浩特:⑦该刊,
          ⑧1989 ~
          ⑨V. ;26cm
          ⑩双月刊


                        ○
```

图5.1 中文期刊目录卡片

⑯¹   ⑮D

①X658.4   ②Optics and Laser Technology/TPC

Ltd. —④V.2 ~ ⑤(Aug.1970). —⑥Surrey

UK. ;⑦Iliffe Science and Techonlogy Pub. ,

⑧1970 ~

⑨V. ;ill. ,30cm

⑩ISSN 0030,3992

⑪Quarterly. —⑫Continues:《Optics Techology》

(V.1 ~ V 2;NO.2)

◯

⑯2   ⑮D

①X658.4   ⑬Abbreviated Key:Optics, Laser,

Technolo9y.

⑭V.2:3:4   1970

V.3 ~ V.4   1971 ~ 1972

V.6 ~   1974 ~

◯

图5.2 西文期刊目录卡片

这是两种期刊的目录卡片,图5.1是一种中文期刊,图5.2是
西文期刊。卡片上①、②、③、……标号是外加的以便于对各个著
录项的解释,意义如下:

①刊号,又叫索刊号,与索书号相似。各图书馆按一定的方法
给期刊编的代码,有的馆的编号与图书完全一致,用分类号和刊次
号,合订本中第三行为卷(年)期号或卷册号来表示;有的馆常用
刊名字顺号表示,也有的馆把外文期刊的编号用"中图公司"的编

号代替,中文期刊用国内统一刊号"CN××××"代替;

②刊名,与图书的书名相似,也有正刊名、付刊名、并列刊名之分;

③该刊编者;

④创刊时的起始卷期;

⑤对应于创刊起始卷期的年月;

⑥出版地;

⑦出版者;

⑧出版年,即创刊年;

⑨载体形态,凡印刷品都用V.表示也是标识该刊出版的数量单位,如果仍在继续出版的,V.前面是空格,若已停刊,则按实际出的卷数著录,如只出过2卷则标出为2V.;外形尺寸即该刊长边的尺寸;

⑩国际标准刊号;

⑪期率;

⑫沿革,表示期刊变化的情况;

⑬关键词标引;

⑭馆藏记录,这种期刊缺藏第5卷;

⑮收藏地点标记;

⑯卡片数序,因为该刊著录内容较多,用了两张卡片,1.2表示卡片的次序。另外,由于刊名变更如要了解原刊的出版情况,应查原刊的目录卡片;凡改过刊名的原则上作为两种期刊处理。

期刊目录与图书目录相似,除按四大文种组织外,也分"刊名字顺目录"和"分类目录",图书有编著者,所以排列出"著者目录",而期刊有编辑出版机构或主办机构,通常不排出,则无"著者目录"。图书分类目录的排列按索书号的顺序,期刊的分类目录与各馆采用的刊号编制方法相连系,如果采用的图书式的编号方法,则期刊的分类目录排列顺序与刊号排列顺序完全一致;如果采用刊名字顺式的编号方法,则分类目录与刊号无关。在查找期刊分类目录时要留意的一个问题。在图5.1,图5.2中,两张目录卡片上的刊号都是刊名字顺编号而无分类号。在这种情况下,期刊分类目录的排列常用"引导卡"上的文字标示。两种目录的用法是:已知刊名要查出有无馆藏或查出刊号及收藏地点,则应查刊名字顺目录。若要了解某一学科馆藏有些什么期刊,则使用分类目录查阅。

二、期刊的排架

由于期刊与图书在特征和用途上有较大的差异,在管理的方法上亦不相同。通常,图书馆把一、二年内新到的期刊(称为现刊)陈列在阅览室内供读者浏览,等到同一卷的各期号到齐后,统一装订成合订本,给出相应的刊号并进行财产登记后再进入期刊库按号上架。由于期刊连续性强的特点,一种期刊每年都有厚厚的一本或数本合订本入库,有的期刊由于年代订购较长,它的合订本特多,在库内占据的空间也大,甚至占据数十只书架,这与图书上架是有差别的。虽然说,期刊的排架按刊号排架,但是至今由于没有统一的刊号编制方法,各图书馆期刊排架的方法亦不相同。下面介绍几种比较流行的排架方法,即刊号编制方法。

1. 刊名字顺数字:法即把一种语种订购的全部期刊按刊名字顺排列起来依次均匀地分布在数字"0~999"之内,一种刊对应一个数字码。如果该语种期刊订购种数为1万种,那么均匀分布在数字"0.00~999.99"之间足够了,新增刊种亦按次序作"线性内插"。例如,按汉语拼音的字顺排列的中文刊,假设订购约有4000种,均匀地排列在"0.0~999.9"之间,原有刊号《安徽大学学报》编号为"15",《安装工程》的编号为"16",新增刊的刊名为《安全》,则可内插在前两者之间,在这里要加上"小数点",号码可编为"15.5"或"15.6"均可。

这种编号方法的优点是:①查找方便,只要知道刊名,到库内依次即可找到;②数字编码简单,抄写方便,登记上架失误较少,借阅登记省时省工;③容量大,这种编号若在"小数点"后面增加1位、2位、3位,就能容纳万种、十万种、百万种刊物。这种编号的缺点是:刊名和它的编号缺少关联,助记性较差;另外,在经过多年后新增刊种的增加,局部字顺段的编号出现位数畸形增长的现象,克服的办法是在必要的时候进行局部调整。

2. 刊名字顺首母数字法:这种编号方法是前一种改型,即刊名首字母十字顺数字法。如上例的中文期刊字顺数字法中的《安徽大学学报》、《安全》、《安装工程》三种期刊,按照字母数字法编号可以编为 A0.5,A30,A85。从而增大了刊与刊之间的数字的编号间隔,方便新增刊种的插入。同时,这种编制方法提高了刊名与刊号之间的助记性。如《美国土木工程师会报》(Proceedings of the ASCE)的编号一望而知为"XP×××"。其中"×"是"西文"的代号,P 即 Proceedings of……的 P。

3. 分类法:即按照《中图法(期刊分类表)》把期刊给以分类,刊号为上中下三排,上排为分类号,中间为刊次号,下排为卷(年)期号。刊次号的编制方法各种各样,有"流水号法",有"编辑出版机构首字母 + 流水号法",有"刊名首字母 + 刊名字顺数字法"。前两者与期刊细分类号配合使用,后者与期刊的粗分类号配合使用。即五大部类或 22 大类。

期刊分类编号的特点是刊号固定且容量无穷,读者一般可以按类求刊。但是,有很多期刊内容综合,跨类较多,难以归类和查找。如《解剖学》内容为动植物解剖和人体解剖,分在 Q 类或 R 类都可以,只好先查 Q 类了,这种编号对管理也很不利。与上述两种方法相比其刊号的组元增加太多,这对于期刊收登,上架和借阅登记带来人力上、时间上的极大浪费。

其它期刊编号方法,如笔形笔画刊名字顺法,部首笔画刊名字顺法,刊名四角号码法,流水号法等,无须记述。

无论字顺排架还是分类排架都使得期刊在期刊库内的位置有序化,有利于管理和借阅,刊名字顺首母数字法是目前最具有潜力的编号排架方法。

第三节　期刊的借阅

期刊的借阅也分为室内阅览和外借两种形式,由于期刊的"周期短、内容新"的特点,与图书借阅有差别。图书馆常把期刊分为"过刊"和"现刊",并且实施不同的借阅方法。"现刊",即近期期刊,放在阅览室内开架陈列阅览,通常不外借,其目的是让更多的读者尽快地读到有关新内容。"过刊"自然是指的比现刊在时间上较早进馆的,已装订成合订本的旧期刊。通常是放入期刊库内实行"闭架外借",或对较高层次的读者实行"部分开架外借",其目的是让那些进行研究、查证有关课题的教师,研究生能比较方便地查找有关内容。现具体讨论以下几点。

一、期刊的阅览

1. 阅览室的布局:图书馆通常把现刊按学科分类集中陈列在阅览室的陈列架上,也有根据图书馆的任务和馆舍的实际可能的条件,分散陈列在若干专业阅室览内。这些专业阅览室通常可分为:

①大众文艺类(常与报纸合放)

②科普类

③社会科学类(包括 A—K 类)

④自然科学类(包括 N—X 类)

⑤综合类(即 Z 类,院校学报)

⑥检索类

不过,各馆的分存方式依大学的性质不同而不同,特别是专门大学的图书馆,如医、农、林、矿各业的专门大学的图书馆对有关学科的期刊划分得更精细。而且还要按照中、日、俄、西这四个文种的期刊分架陈列,单本与合订本分开陈列,以方便读者索取和工作人员管理,此外,阅览室内还放置了许多词典之类的工具书供读者使用,工作人员随时可以为读者咨询或提供帮助。

2. 阅览要领:对一个大学生来说,上大学的目的就是要获得必要的专业知识,成为一个合格的,为社会主义建设服务的人才。为达到这个目的,学会利用图书馆,学会利用各种文献资料是一个最基本的要求。善于利用期刊也是善于做学问的基本素质。一二年级时期阅读期刊主要方法是浏览,了解图书馆各种期刊的收藏情况;广泛阅读科普期刊,大众文艺期刊,以开拓视野、陶冶情操,逐步树立自己对社会的责任感。到了二三年级为了完成"读书报告"开始接触和查阅几种专业期刊收集素材,然后再选修《文献检索》课,这样一来,对做毕业论文或毕业设计的选题和查找资料就比较顺利了。也就是说,对期刊的利用要循序渐进,从综合普及类刊物到专业学术刊物,从一般浏览到指定阅读,使自己对本专业的有关刊物有个全面了解。

二、期刊的外借

期刊一般是不外借的,需要某篇文章可以摘录或复印。尤其是过刊,通常对大学生都是"闭架借阅"。即要求先查目录,填好索刊条交由管理人员取出,翻阅到确实有自己需要的那篇文章时,便可在出纳台办理外借手续。注意,无论在索刊条上还是在借阅证上,刊号,卷年期号的填写应准确无误;牢记外借期限,以免超期;期刊中有污损、缺页,应当即向出纳台申报和印记。

三、缺藏期刊的获得

如图 5.2 中所示,虽然馆藏有这种期刊,但是第 5 卷是缺藏的,而读者所需要的论文洽好在这一卷上,不能获得。另一种情况是所需要的某种期刊该馆从未收藏,或者曾经订阅过而又停订了;还有一种情况是馆藏期刊中所需要的论文缺少了(破损或撕毁),这些情况都称为期刊的缺藏。解决缺藏期刊的办法有二,一是查阅的本地区或全国编印的联合目录,就近借阅或复印。这种联合目录为书本式,有编印年限。北京图书馆编印的《全国西文连续出版物联合目录》收录国内 692 个图书馆情报所收藏的 78～84 年西文连续出版物 18860 种,并与 59 年版,64 年版,62～78 年版相衔接,并连续刊出新的年限版。读者可查阅,就近索求。另一种方法是向论文作者本人去信函索求。

四、保护期刊

如前所述,期刊的"连续性强,内容不重复,紧跟时代步伐"。如果一种期刊少了一卷,一期或一篇文章,就造成了这种期刊的断裂或残缺,即为缺藏。这种缺藏大多数是由于长期使用,翻阅不爱惜所致。另一原因出自少数人的偷窃。缺藏对读者对图书馆的工作来说都是损失。众所周知,图书馆订阅期刊,尤其订阅外文期刊花钱多,通常只能订购一份,中文期刊的复份刊种也相当少。有的期刊涉及学科范围广,查阅的人次多。有些很有学术参考价值的论文几乎时时都有读者使用。一些对人类有重大影响的学术名著常常首先发表在期刊上,这已成为一种趋势。可是正是这些承先启后、石破天惊的著作,常常被一些自私的、思维不正常的人无情偷窃和撕走据为己有。这样一来期刊的残缺现象十分严重,长此久远期刊库将失去利用价值而成为一座废纸库了!我们希望广大读者和图书馆工作人员一起保护期刊,保卫人类文明,与自私、丑

恶的行为作斗争！因此,要求读者做到:

①不得把食物带入室内、库内,以避鼠害、虫害孳生;

②进阅览室之前要洗手,以避油污和食物残液粘在书刊上;

③拿取期刊时轻取轻放,不得卷拆、涂画,需要复印的章节要押上小纸条,不卷角卷页,阅毕后上架应到位;

④若发现期刊有破损或排架错位等情况应立即告知工作人员处理,尤其是弥补残缺。

总之,大学图书馆的期刊多,阅览室多,期刊库庞大,管理人员人数有限,希望读者理解,多方协作,共同把期刊管好用好。

第四节　报纸的借阅

报纸是获取最新信息的重要情报源。报纸的种类繁多,发行量大,拥有读者广泛,更鲜明地具有期刊的特征而受到人们的喜爱。世界上最早的报纸是中国的邸报。"邸"是封建王朝时期各地方官员驻在京城的机构。邸报是发布皇帝的诏书、命令、王朝的法令、公报,皇室的动态和消息,官员的任免赏罚等内容"条布于外"的报道性文件。邸报出现于公元前200年左右,到了汉朝,汉武帝时代的"手抄缣帛",唐朝的"开元杂报",宋朝的"朝报",元朝的"邸抄",清朝的"京报"。到了17世纪初,欧洲已经有了刊载采访新闻和评论的近代报纸,以德国的《报道新闻报》和《法兰克福报》为标志,此后,期刊也诞生了。1858年香港的《中外新闻》和1872年在上海办的《申报》是我国最早的近代报纸。1837年英国宪章派创办《北极星报》,这是全世界无产阶级的第一份报纸,后来又有《德法年鉴》。在1922年中国共产党人创办了《响导》作为中共中央机关报。解放后,新闻事业发展很快,到1989年全国报纸总数为836种。

报纸在长期发展过程中形成了它的基本职能,其主要内容为:①传播新闻,沟通情况;②宣传思想,影响群众;③反映舆论,引导舆论;④传播知识,普及文化;⑤提供娱乐,陶冶情操。

报纸的种类很多,在我国按出版机构分,有党政机关报。如《人民日报》和各级地方党政机关报,北京市的《北京日报》,浙江省的《浙江日报》,杭州市的《杭州日报》等,这类报纸代表了党和政府的声音,宣传党的方针政策,反映全国各地的工农各业生产和经济建设情况,报道各种新闻的评论等。有各部委和研究机构主办的各种专业性报纸。如《中国冶金报》、《科技日报》、《中国商业报》等。有各新闻机构办报,如《大公报》《文汇报》等。有信息机构办报,如《浙江科技报》、武汉的《科技信息快报》等。

报纸所刊载的消息报道比期刊及时,但内容比较简要。例如,某报刊登了"化学镀铝带替化学镀银"的消息,这仅仅作为一则新闻报道而已,感兴趣的读者若要了解这一消息中的具体情况、工艺过程等细节还必须查找有关期刊或信访有关单位。

在图书馆,订购报纸的数量通常有几十种、百多种提供阅览。阅览的开放办法在不同的馆有不同的处理方法,有的馆把报纸全部集中开设"读报室"。有的图书馆把报纸和某些期刊合放一处等。一般比较通用的办法,把党政机关报和一些生活报纸与大众文艺期刊、普及期刊放在一处,称为"(普及)报刊阅览室"。把专业性报纸放在专业期刊阅览室,把信息报放在文献检索室,各种安排各有利弊。当月的报纸常放在报刊阅览室上架阅览,隔日的报纸通常收藏留装,或者供编辑剪报使用。

剪报栏是读者感兴趣的地方。图书馆把某些报纸和某些普及期刊和画报上的重要文章,画面以及各种热点问题的报道和评论,剪辑成多个栏目贴在橱窗内以供读者浏览。剪报栏是读者学习政治、观察形势,见多识广、丰富精神生活的园地。

旧报的借阅方法。隔年旧报常已装订成册,读者需要借阅旧报时不能盲目入库无目标地乱翻。先应把你需要查找的问题估计出大致的年份月份,何种报纸,去查阅索引。《人民日报》、《光明日报》、《文汇报》都有索引可查。如果连什么报纸上有登载也不知道的时候,只好查阅《全国报刊索引》,查出所需资料的出处,即报道年、月、日和版面,再去查找原报十拿九稳,十分方便。例如,若要查阅毛泽东主席的遗容照片时,已知 1976 年这个年代,先查找《全国报刊索引(哲社版)》,1976 年卷,查得第九期上有:人民日报,1976 年 9 月,21 日①。"①"是指报纸的第一版面。记录之后交由工作人员入库提取,读者可押证室内阅览或复印,用后归还。

外文报纸,其篇幅比国内报纸数量多,广告的版面也多。由于到馆的时间与印发时间的延迟,常作旧报借阅。

思考题

1. 期刊作为一种出版物类型有哪些主要特征?
2. 期刊有哪些种类? 是根据什么特征划分的?
3. 期刊的目录和排架与图书有什么不同?

第六章　各类文献的检索

　　大学图书馆向读者开设的《文献检索》课是根据国家教委的要求和实际的可能性进行的。目的是增强读者的情报意识和提高读者利用文献的技能。所谓情报意识则是人们对情报的敏感度，洞察力和快速分析、反馈、判别、决断的反映。情报无论在什么时代，什么社会里，它是通向胜利的桥梁。知己知彼，无往不胜，情报自然与谍报不同，情报通常是隐藏于文献中的"字里行间"。巴尔扎克有句名言：真正懂得诗的人，会把作者诗中露出是一星半点的东西，拿到自己心中去发展。缺乏情报意识的人，往往放过了那"一星半点"的东西，从而造成盲目，导致失误。有人这样说过，真正有用的情报，绝大部分来自各种公开发表的文献之中，意思是说，要获得真正有用的情报就必须善于猎取组织和利用各种文献，因此，情报的获得与其文献检索的技能是密切相关的。

　　大学图书馆按照大学专业的特色和需要，通常把《文献检索》课程分为《综合文献检索》、《社科文献检索》和《科技文献检索》以及学科范围更狭窄的《××专科文献检索》等多种课程分别开设，按学分要求为大学生专门讲授，供大学生选修。有的学校还规定作为必修课程，让其得到专门训练。

　　本章所讨论的是对有关文献检索中的一些实用性问题给以概括介绍，初步给一、二年级的大学生建立有关文献检索概念的基础，若要全面掌握有关内容，学生们还须选修有关学科的文献检索课。

第一节　文献检索概要

一、文献检索的定义

文献检索是以一定的程序和方法从文献集合中查找有关文献的目录，文摘或文献线索的活动。它不仅要找到所需文献的目录，文摘或其它线索，而且还要找到原始文献的副本。

这个文献集合的范围，不只是图书馆的某一个读者服务的部门，而是包括整个图书馆，整个地区的图书馆甚至包括全国、全世界的图书情报界；在时间范围上包括从古到今。

而今，全世界的文献增加速度也是十分惊人的，近20年出版的文献量已经超过了过去2000多年的文献资料的总和。到了80年代，人类知识的增长几乎每三年就翻一番。与此同时，这些知识的新型载体也越来越多，以录音带、录像带、唱片、影片为代表的声像资料，以缩微胶片、缩微胶卷为代表的利用光学放大阅读机阅读的缩微资料，以磁带、磁盘、光盘为代表的利用计算机阅读的"机读文献"越来越先进。不仅如此，这些文献内容特征的变化更难以捉摸，一方面新兴学科不断出现，现在学科约有500门，学科的分类要求越来越细小；另一方面各个学科之间还彼此渗透，相互影响，综合性越来越强，表现在图书分类学上，综合类的文献越来越庞杂。面对这样一个时空博大、品种繁多、学科纷繁、综合性强的文献集合，不懂得文献查找的程序和方法，要想及时地、准确地、完整地获得所需要的文献是十分困难的。也就是说，要了解和掌握文献的检索方法，学会从数量庞大、类型复杂、出版分散的文献中迅速而准确地获得需要的文献。

116

二、检索工具

检索工具就是揭示文献及其线索的存取系统。它的基本职能一方面是揭示文献及其线索的存储,即把诸多文献将其各自的特征,按照一定的标准,著录成为一条一条的文献线索。并将这些条目按照一定的规律排列起来(即有序化)。另一方面,提供一定的检索手段,使人们可以按照它的规则,从中检索出所需文献的线索。由于人们对文献检索的手段角度、深度和广度要求不同,有关方面编撰出版了适合于这些要求的检索工具。这些检索工具有书本式、卡片式、胶卷式、磁带式与光盘式等几种。

书本式检索工具是我国读者目前使用的主要检索工具,它又可分为书籍形式(或称单卷本)和期刊形式两种。书籍形式的检索工具通常以某一学科或专业为内容,搜集、摘录、并按一定次序组织整理某一段时间内世界各主要国家或地区的文献资料线索的出版物,有的只出版一次,有的不定期连续出版几册,名称多半为《××专题目录》、《专题索引》等。这些检索工具由于专业性强,累积文献资料的时间长,比较全面系统,因此是全面了解和掌握某学科或专业的文献资料线索的一种不可忽视的工具,但这些专题索引往往是回溯性的,不能及时反映最新的文献线索。

期刊形式的检索工具由于它报导速度快,收录文献面广,检索途径多,使用方便等特点,是读者目前使用的检索最新文献的主要形式。它的类型众多,如果按其内容性质分,可分为:

1. 综合性检索刊物。如上海图书馆编辑出版的《全国报刊索引》、美国的《工程索引》(Engineering Index)等。

2. 专业性检索刊物。如中国科技情报所重庆分所编辑出版的《分析化学文摘》、美国的《燃料与能量文摘》(Fuel and Energy Abstracts)等。

3. 按文献的类型来报道的检索刊物。如中情所的《中国学术会议文献通报》、美国的《国际学位论文摘要》(Dissertation Ab-stracts International)等。

如果按其体裁来分,可分为:

1. 题录索引。一般通称"目录"或"索引"。它是将每篇文献的篇名、作者、资料来源出处、文种等著录下来,按一定的逻辑顺序(一般按主题词字顺或分类体系)编排起来,供查找文献线索之用的检索工具。由于它编制简单,出版要比文摘杂志及时,具有全而快的特点,是全面查找文献线索、尤其是最新资料的有力工具;但它没有反映文献的内容摘要,不能供读者分析鉴别。因此,它和文摘杂志应该相互补充使用。

2. 文摘杂志。所谓文摘就是将论文或著作的简明形式写成的内容摘要。它的著录项目除了包括题录索引的著录项目以外,还有文献摘要,正文内容大多按分类体系或主题词字顺排列。

(注)目前一些大套的综合性检索工具,如日本的《科学技术文献速报》、法国的《文摘通报》、原苏联的《文摘杂志》等均采用题录和文摘混编方式,即对于内容比较重要、新颖的文献资料,采用文摘形式著录;而对于不太重要的文献,如展览会、消息等或从题目中可以反映明确内容的文献,就采用题录形式著录。这种题录、文摘混编的检索刊物,即可照顾到报道速度和数量,又可提高报道质量,是深受读者青睐的。

为了使读者对检索工具有个全面了解。现将其他几种形式的检索工具简单地介绍一下。

卡片式检索工具,即以卡片形式出版发行的,由于它排卡费时,占用空间大等原因,这对于数量庞大,报道迅速的期刊,会议录等文献的检索,缺陷较大。目前很少使用。

胶卷式检索工具,是一种缩微照相复制品,主要适用于保存数量庞大,积累年代长,已属老化了的目前几乎不用的文献的内容,使用时得借助于缩微阅读机;优点是储存量大,减少存储空间。如

118

《工程索引》从1970年开始出版的《工程索引年刊》的缩微胶卷版,还将1884~1970年之间87年的全部内容制成了缩微胶卷,作为档案保存。

磁带式检索工具是60年代开始在国外逐渐普及的检索工具,特点是检索速度快,检索面广,一般用于大型计算机的联机网络内。目前世界上重要的检索工具,如美国的《工程索引》,《化学文摘》,英国的《科学文摘》等均有磁带版。

光盘式检索工具是80年代的新产品,由于它的信息密度大,可以用微机处理,相对于磁带版价格比较低等特点,发展异常迅速。目前在欧美、日本等国已出有大量的光盘检索工具,《工程索引》、《科学文摘》等大型检索工具也相继推出光盘版式。在我国,也有不少单位引进使用。

三、检索工具的索引

索引是检索工具起检索作用的主要手段,是检索工具的辅助工具和重要组成部分。检索工具所以能起到检索作用,有长期保存的价值,就是因为有较完整的检索手段,编有各种检索途径的索引。

检索工具的索引种类较多,概括列表如下:

1. 主题途径:①主题索引
　　　　　　②关键词索引—题内关键词索引
　　　　　　　　　　　　　—题外关键词索引
　　　　　　③叙词或单元词索引

2. 分类途径:分类索引

3. 著者途径:①个人著者索引
　　　　　　②团体机构索引

4. 篇名途径:篇名索引

5. 代码途径:①报告号、合同号索引

②标准号索引

　　③专利号索引、专利对照号索引

6.其它途径:①药物名称索引

　　②分子式索引

　　③环系索引

　　④地名索引

　　⑤编年索引

……　　　　……

　　这些索引的编制目的都是为了方便读者,能根据已知的信息和相应的途径查找所需的文献资料。目前不少检索工具除在每期、每卷编有各种索引外,还专门编制 3 年、5 年、10 年等多种累积索引,一次性为读者提供多年的回溯检索,无需一期期、一卷卷地翻阅。

　　上述各种索引的编排体例和著录项目一般较简洁。如分类索引是按分类体系编排起来,著录项目只有类号(或类目)、简化篇名和序号(或页码);著者索引按作者姓氏字顺排列,著录项目有著者姓名、简化篇名和序号(或页码),报告号索引按号码顺序排列,著录项目是报告号、简化篇名和序号(或页码)。目前已有不少索引甚至将简化篇名也省略了。一般情况下,在每种索引前面有简要的使用说明,读者在利用检索工具前要先浏览一下这些使用说明。这样做,在查找过程中可以节省不少往返时间。

　　由于主题索引是检索工具中最常用的一种索引,它能全面而方便地查找专题文献。为此,下面着重谈一谈主题索引。

　　所谓主题,就是文献中所论述的核心,也就是论述问题的主要方面。它是用一种规范化的语言(即标题)作为文献的主题标识和查找依据。主题索引就是把论述同一主题概念的文献资料的线索,汇集在同一标题下,按字母顺序(或汉字形序)排列起来的索引。可使读者在有关标题下,迅速而集中地查到所需的文献线索。

同一篇文献,根据它所涉及的主题多少,可在主题索引的若干标题下得到反映,能使读者从不同的方面查找到这篇文献。

主题索引在国外使用十分广泛,根据主题词的抽调来源。词的规范化和标准化程度,词的组配和检索机械化,自动化等要求的不同,又有主题词(Subject)、关键词(Keyword)、叙词(Descrip - tor)和单元词(Uniterm)索引之分。

主题词索引:它的抽词一般根据一定的主题词表从文献的题目或正文内容中选出经过规范化了的、能显示文章中心内容的一个或几个词,构成一级、二级甚至三级主题词;或用主标题(main heading)、副标题(sub heading)和说明语来组成主题索引。其中主标题是表达主题的核心,副标题和说明语是用来限定主标题的范围。主题索引还用"见 See"或"用"(Use)"代"(UF - Used for)条目来保证标题名称前后一致,将同义而同名的标题统一在同一名称下;用"参见"(See also)条目使相关的标题文献相互参照,从而保证不遗漏地查出有关文献;用"上位词"(BT - Broader Term)"下位词"(NT - Narrower Term)和相关词(RT - Related Term)条目,来表示主题词的上下左右的关系。这种索引也称为标准主题词索引。

关键词索引:即是将文献篇名或文献正文内容中能反映文献内容的有关词作为关键词,并将它们组合成条目,然后再各个词的字顺编排而成的索引。它一般没有事先编成的词按表,因此抽词简单方便。但在同一主题的文献中可能分散到不同的关键词下面,有同义词问题的存在,检索时得把有关的同义词也考虑进去,进行多次查寻。

关键词索引后来又进而演变为"题内关键词索引"(KWIC)和"题外关键词索引"(KWOC)题内关键词索引没有词表,与关键词索引不同的是将文章篇名中所有的词包括介词等全部、排出来(如果篇名过长,词量过多,就截删掉多余的最后部分),把篇名中的几个关键词用黑体字表示,按字顺轮流排列成几个篇名条目。篇名中的其它词也跟着移位。这种索引由计算机编排。题外关键词索引与题内关键词索引差不多,不同的只是把关键词轮流提放在篇名条目的前面,关键词有的来源于篇名,也有从正文内容中抽出的。由于这两种索引都是将关键词的顺序轮流编排,关键词的上下文也跟着轮转,故又有"轮排索引"(Permuted Index)之称。

叙词索引和单无词索引:这两种索引十分相似,都是用一个单词来进行文献的标记,一篇文献涉及几个主题就分别用几个单元词或叙词进行标记。在每个单元词或叙词的下面列有若干篇涉及该主题的文献编号。它们都是组配式索引,因此,在查找某个主题文献时,首先将不同单元词或叙词下的文献编号进行对照,其中相同的编号可能就是所需要的文献。这两种索引与上述几种索引在词的确定和字顺编排上有相同其处,但在利用时,需要由读者在检索过程中自己组配。这主要使用于机检,手工检索十分不便。

第二节　文献的检索方法和步骤

一、文献的检索方法

如何才能在浩瀚的书海中迅速而有效地找到所需要的文献呢? 这是一般大学生和科技人员普遍关心的问题。目前,多数大学生是根据某本书或某篇论文后面所列的参考文献来进行追踪查找资料,或者利用多卷书、丛书的封面页或封底页里面的书目资料来查找有关的图书资料。这样做,当然可以找到一些有用的资料,尤其是在没有检索工具或检索工具不齐全的情况下,只能采用这种方法。但费时太多,而往往找不全,漏检率大。同时,因为有些作者所引用的某些文献,只不过是为了说明一下过程情况,其实与论文本身关系不大;更有些作者为了显耀自己的博学多才,旁征博引,借以抬高自己的身价,把不少关系不大的文献资料也列举在参考引文内。这样一来,就有可能检索出一些与该专题稍为有关,却无紧要关系的参考文献,针对性不强,即会引起误检。造成时间的极大浪费。

还有一些大学生和科技人员,凭经验了解到自己专业的几种核心期刊,就单一地对这些核心期刊进行一期期地查找。这样去做,可能找到几篇项目所需的文献,这不过是凭运气罢了,漏查的文献可能是最为关键的文献。

最有效的检索方法是利用检索工具来查阅文献,它不但能查准查全,而且通过阅读文摘能了解到哪些原文要精读,哪些原文可不读,从而节约了大量普查文献的时间。

在使用检索工具时,需要先了解它的标引方法、摘录的文献类型、款目的编排系统以及缩略方法等,这是有效地利用检索工具的前提。在查阅时,一般采取由近及远的倒查法,即先查当年最新出版的期索引倒查到该卷的第一期,再由上卷的卷索引查到所需的卷(即年限)。如果有多年的累积索引应充分利用。

同时,在查阅过程中,还应该利用"参见"和"注释"来扩大或缩小查阅范围。利用"参见"可以扩大主题范围,能提高检索的查全率,但是一般主题索引"参见"较多,其中有的"参见"也许与查找的主题无关,因此,要注意有关"注释",选择与所查主题切实有关的参见主题。这样既可得到较多的文献线索,又可避免作虚功,提高检索的查准率。

由于文摘索引等检索工具是二次文献,出版时间要比一次文献的原始资料迟,因此,查阅了检索工具后,还应补充查阅有关最新的专业期刊,避免漏检最新文献。

二、利用检索工具查阅文献的步骤

在使用检索工具查阅文献时,一般要按以下几个步骤来进行:

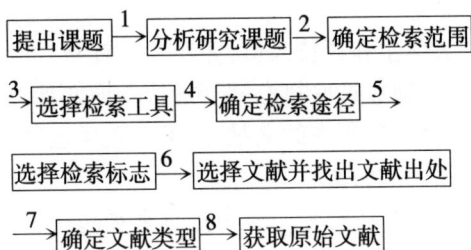

提出课题 →1 分析研究课题 →2 确定检索范围

→3 选择检索工具 →4 确定检索途径 →5

选择检索标志 →6 选择文献并找出文献出处

→7 确定文献类型 →8 获取原始文献

现将各个步骤简要介绍如下:

1. 分析研究课题:这一阶段主要是通过对课题的了解,明确课题内容,进行主题分析,进而提出课题的中心环节以及所涉及学科等。

2. 确定检索范围:

①在学科方面要确定课题的主要学科及相关学科;

②在文献类型方面要确定是一般文献还是科技报告,会议录或专利文献,产品样本等;

③在时间范围方面要确定检索的年限是近期的还是若干年以前的。

3. 选定检索工具:选择适当的检索工具是十分重要的,除了考虑专业对口、文种熟悉以外,还应注意它的内容质量,收录文献质量,报道速度,分类编排的系统性,索引完备性等。一般先利用综合性检索工具,然后再用专业性的加以补充。

4. 确定检索途径:检索途径主要根据手头已经掌握的线索而定。如果仅仅拿着某一个课题来查阅文献,一般总是用主题途径或分类途径,因为这样做能集中检索到有关课题的一批文献。如果知道某人是某一学科的权威或著名人物,就可以先利用著者途径。如果仅有某科技报告的合同号,则就可以利用号码途径。如果读者要找某篇会议文献仅知道会议召开的地址,则可利用会议录的地名索引。总之检索途径是多种多样的,确定检索途径要充分利用已知的线索。

5. 确定检索标志:按照检索工具的要求找出课题相应的类目或分类号,或利用主题词表找出恰当的主题词,或用某国的专利号、标准号等这是检索时必须要确定的。

6. 选择文献并找出文献出处:在有关主题或分类类目下,通过各项著录,尤其对摘要的浏览,从中选择自己所需的文献,并将其出处摘录下来。因为文献出处均用缩略词表示,要利用有关资料来源索引的"缩略词/全称对照表",查出文献来源的全称。

7. 确定文献类型:怎样从已查出的文献线索中即著录的项目中确定文献类型呢? 这要从著录项目中的文献来源项来确定。尽管各种文献的著录项目大同小异,但总是以文献的特征为依据。如期刊论文除首项是篇名第二项是著者,则后面一定著有期刊名称和卷(年)期页;科技报告的来源项往往有 AD×××,PB××××. NASA×××等报告代号名称和报告号,以及提供机构,专利文献有专利号或在资料出处注明"Patent"以及申请与公布日期;会议论文往往有"Proc. Symp. "(会议录)或"Conference"(会议)等词,并著录出会议届次、地址、及开会日期等;图书有书名、著者、版次、出版地、出版社、出版年,并标有价格;档案资料注有"Depoife Doc."及存放单位和编号等。

8. 查找与获取原始文献:按照文献的著录内容,利用来源索引查出来源资料的全称,确定文献的类型以后,就可到图书馆相应的部门去借阅原始文献。如果来源资料是俄文或日文,要先按照英俄文字母音译对照表,或英日文字母音译对照表(见附录四、五)

转换成原文名称,然后再按原始文种借阅。当读者所在馆缺藏时可利用各种"联合目录"查找,就近借阅或复印。

为了使读者能较快地向有关图书馆借到原始文献,现将国内外主要图书情报部门的收藏特点介绍如下:

①北京图书馆,收藏中外文图书、中外文期刊等较全;

②中国科学院文献情报中心,收藏以自然科学为主的中外文图书期刊较全;

③中国科技情报所,收藏以工程技术类的中外文期刊、专利、会议录、标准、产品样本等较齐全;

④国防科委情报所收藏 AD、PB、NASA、DOE 等科技报告较全;

⑤美国商业部国家技术情报服务处(NTIS),它能提供选自5000 种最常用期刊论文复印件,其中包括美国化学文摘社所收藏的复印件以及美国联邦政府各部局和政府合同研究机构的各种科技报告,包括"四大报告",向该局还可以买到美国政府的专利说明书。它的通讯地址:

> 5285　Port Royal Road,
> Springfield, Virginia 22161
> U. S. A
> Telex:89 9405;Int. 64617

⑥英国图书馆外借部(Lending Dept. ,British Library),它订有现期期刊44.000 种,每年入藏英文重要专著约 55.000 册,90 个国家完整的学术报告,据 1976 年统计约有 100 万件,完整的英国政府出版物(1962 年起),联合国教科文组织的出版物(1954 年起),经济合作与发展组织的出版物(1973 年起)等。多种形式的会议录和丛书每年约进 9.000 件,以及其它语种的科学专著等。它不仅是英国国内图书馆馆际互借中心,也担负国际间馆际互借(包括复印)的任务。必要时可去函要求复印,它的通讯地址:

Lending Division, British Library,
Boston, Spa, Wetherby,
LS23 7BQ U. K.
T:(0937)843434
TX:557381

上面介绍的是我国目前通用的传统的手工检索方法和步骤，随着科技迅速发展，计算机等现代化设备在我国图书馆界逐渐开始应用，尤其是近几年来光盘形式的文献检索工具的崛起，这种高密度、大容量的文献载体可以用微型计算机进行处理，从而大大降低了投资费用和检索费用，使我国广泛使用计算机检索成为可能。1983 年我国成立了国际联机检索服务部，总部设在北京（中情所内），全国设有几十个国际终端。但由于检索费用太高，一般读者或用户使用联机检索费用负担太重。

所谓机检，就是在计算机或计算机网络的终端机上，用特定的检索指令和检索逻辑关系，由计算机从数据库（贮存文献的磁盘、磁带和光盘等）中提取出所需的文献。机检与手工检索相比，具有速度快，查全率高等优点，它的检索步骤与手工检索大体相同，只是它还可以对主题词进行组配，用逻辑运算等方式进行检索，大大提高了检索效率。1990 年开始，我国已有不少图书情报机构，尤其是大学图书馆已引进各种光盘检索工具，为我国的文献检索实现计算机化迈出了可喜的一步。

第三节　各类文献的主要检索工具及其利用

由于检索课题的目的和程度不同，有时只需查找某一类型的文献，如查标准、查专利等，就可直接到标准文献室、专利文献室去查明相应的检索工具。下面介绍各类文献和它的检索工具及其利用方法。

一、图书

图书的检索,一般读者通常是利用各自图书馆的馆藏目录,还可利用的书目是"在版书目"和各国的"国家书目"或"联合目录"等。

查找我国出版的图书可利用我国版本图书馆出版的《全国总书目》,每年出版一次;《全国新书目》,月刊。另外也可利用图书征订目录如《社科新书目》,《科技新书目》等作为查找我国即将出版图书的信息。

查找英文图书有三种有名的在版书目,即①英国威脱克(Whitaker)公司出版的《英国在版书目》(British Books in Print)报道在英国出版发行的图书;②美国鲍克(Bowker)公司出版的《在版书目》(Books in Print)报道在美国出版发行的图书;③德国绍尔(Saur)公司出版的《国际在版书目》(Tnternational Bcoks in Print)报道除美英以外其它国家出版发行的英文图书。

德、法、日、俄等国也出版各有国家相应文种的在版书目。

联合书目实际上是图书馆馆藏目录的延伸,如美国国会图书馆出版的《国家联合书目》(National Union Catalog)报道美国国会图书馆以及美国、加拿大其它参加成员图书馆的馆藏联合目录。

二、报刊目录

查找中文报刊目录,有人民邮电出版社的《中国报刊大全》,分邮发和非邮发二册;黑龙江人民出版社出版的《当代期刊总览》。

查找外国报刊目录的有中图公司编印的《外国报刊目录》,美国鲍克公司出版的《乌利希国际期刊指南》(Ulrich's International Periodicals Directory),它是当代独一无二的较完善的期刊工具书,1991～1992 年版收期刊 12 万种以上,按 385 个类目编排,每条列有刊名、期数、出版机构和地址、国别、文种代码;有杜威分类号、国际标准刊号,创刊年、价格、版本有无其它载体,代理商等;另附有停刊表,刊名变更表,国际组织和联合国的出版物一览表等。它是了解和查找国外报刊出版概况的一本重要工具书。

三、期刊论文

除了明确标明某类文献的检索工具以外,其它各种检索工具主要收集报道的文献是期刊论文。这类检索工具数量大,不能一一介绍,只能将有影响的举例一二。

我国有上海图书馆编辑出版的《全国报刊索引》,月刊,分"哲学社会科学部分"和"自然科学部分"两个分册。其它还有中国科技情报所等情报单位编辑出版的许多专科文献检索工具。

国外比较有影响的大型检索工具有:美国的《科学引文索引》(SCI)、《工程索引》(Engineering Index)、《化学文摘》(Chemical Abstracts)、《生物文摘》(Biological Abstracts),英国的《科学文摘》(Science Abstracts),日本的《科学技术文献速报》和原苏联的《文摘杂志》等。

四、会议文献

查找会议文献的检索工具也不少,其中有美国科学情报学会出版的《科技会议录索引》(ISTP—index to scientific and Tech－nical Proceedings)最引人注目。它每年报道近 3100 种会议录的 10万篇论文,除刊物的正文部分,即会议录内容之外,还附有类目索引,著者编者索引,主办机构索引,会议地址索引,主题词轮排索引,著者工作单位索引等多种检索途径,使用十分方便。

另外一种较有影响的刊物是由美国数据快报公司出版的《会议文献索引》(Conference Papers Index)

中国科技情报所出版的《中国学术会议文献通报》是检索我国会议文献的工具期刊。

查找到所需的会议文献的出处以后，就可到图书馆有关部门去借阅。但是，查找工作并不像查找图书那样简单，应注意以下问题：

第一、会议录出版形式复杂，有用图书形式，连续出版物形式和科技报告形式出版的几种情况。作为图书形式出版的会议录，有以会议专题作书名出版的单卷本，也有属于多卷集、丛书中的某一卷；还有专收会议录的会议丛书，常以"某某进展"为题出版。更为糟糕的，把同一种会议的这届内容以图书形式出版，而把另一届的却刊载到某种期刊上。例如，《国际天然物化学讨论会》(Intl. Symp. them. Nat. Prod.)第一至六、八各届均以图书形式出版，而第七届却刊在《纯粹与应用化学》(P&AC)期刊上，也就是说，这种情况一般单查图书或会议文献的馆藏目录是查不到该会第七届论文。哪怕是订购过《P&AC》期刊也找不到，因为大学图书馆不做期刊中的"篇名馆藏题录"。要利用会议检索工具查找，如《在版会议录》(Proceedings in Print) 就能查到。

第二，会议录书名的复杂性。会议录的书名不像图书的书名那样一目了然，它通常在封面上、书名页上标出会议的各种信息，包括：

①会议专题，

②会议类型，如

　　大会 Conference

　　例会 Convention

　　常会 General Assembly

　　年会 Annual Meeting

　　专业会议 Congress

　　学术报告会 Symposiun

学术讨论会 Seminar

业务讨论会 Workshop

等等。

③会议录的编撰体裁,有

会议录 Proceedings

论文集 Papers

会议文摘 Digest

预印本 Prepriat 等。

④召开机构,包括主办单位,经办单位组织者等。

⑤会议届次及年份。

⑥召开地址及时间

由于会议的这些标志,使得会议文献的书名取法就各式各样,归纳起来有如下几种:

①以会议的全名称作书名的;

②以主办机构(学会)名称加会议名称作书名;

③以会议专题作书名,会议名称作副书名;

④以"××进展"作书名;

⑤以召开地址加会义名称作书名;

⑥以会议名的简称加年份作书名;

⑦以主办机构名称加会议类型作书名。如此种种使得读者无法断定用什么样的书名去查目录。

第三,著录格式混乱。会议文献由于出版形式和书名的复杂性,从而造成了著录格式的混乱现象,主要表现在各图书情报机构的馆藏目录卡片与检索工具中有关书名著录的差异。有的馆不管有没有会议主办单位作为主要标目,有的馆不管有没有会议主办单位,将会议名称作为主要标目。在以会议名称作为主要标目中,多数馆将会议的具体名称排列在前,再将会议召开地址,会议的届次或年份等依次排在会议名称之后;也有的馆仅将表示会议实际内容的词(即会议名称的关键词)作为排列的依据;又有的馆将形式书名(Proceedings of the Conference)作为无专题名称的会议录的书名,为此,在查阅会议文献前最好先了解一下所在图书馆对会议文献的著录格式和排列方法。

五、科技报告

各国的科技报告都有相应的检索工具供检索使用,现将影响最大的美国政府的四大科技报告 PB、AD、NASA、DOE 的检索工具说明如下:

①《政府报告通报和索引》(GR&I),半月刊,由美国技术情报局(NTIS)出版发行,是检索"四大科技报告"的主要工具,年报道量约 6 万件,并单独编有年度索引。

②《科技宇航报告》(STAR),半月刊,由美国国家宇航局出版,是检索 NASA 的主要工具。

③《能源研究文摘》(ERA),月刊,由美国能源局出版,是检索 DOE 的主要工具。

上述检索工具,一般都附有主题索引,个人作者索引、团体作者索引,报告号码索引,合同号索引等。如果需要,根据报告号到有关的图书馆去借阅原件复印。

在检索科技报告时,尤其要注意提供报告的机构所附的报告代号和用于流通管理的代号不一样,尽管参考引文条目中记载有研究单位所编的代号,但原件多数是作为 AD、PB 进行流通的。这些代号的关系可以用《政府报告通告和索引》中的"入藏/报告号索引"(Accession/Report Number Index)进行查找。如果知道合同号(Contract No.)时虽然可利用《政府报告通报和索引》中的"合同号索引"进行查找,但因一个合同号往往包括不少的报告号,查找时要耐心对照。

六、学位论文

学位论文大都不公开出版,只有少数在期刊或科技报告中发表,所以获得较为困难。目前查找学位论文的检索工具主要是美国的《国际学位论文摘要》(Dissertation Abstracts, International),分A、B 两辑。A 辑:人文与社会科学(Hamanities and Social Sciences),B 辑:科学与工程(Sciences and Engineering),月刊,摘录美加两国和其它各国(包括:英、法、德、荷、比、澳、芬兰、埃及、以色列等)有协作关系的 400 多所大专院校的学位论文,年收录量约1.8 万条。它是按分类主题字顺排列,每期最后附有"关键词题目索引"和"作者索引",年终有累积索引。该刊另外还附有《美国博士学位论文索引》(Index to American Doctoral Disser tation)。

其它英、法、德等国均有该国的学位论文检索工具以报道各著名大学的学位论文。

除上述综合性目录之外,还有一些著名大学,如美国的斯坦福大学,麻省理工学院等,每年都出版本校的学位论文文摘。另外在一些期刊上,如美国的《化学工程进展》(Cchemical Engineering Progress)等刊也常定期报道有关的学位论文。

通过检索工具或从参考文献得知所需的学位论文条目后,一般只能向授与学位的单位提出借阅或复印申请书。有的国家,如英国还要得到作者的许可。至于在《国际学位论文文摘》里查得的,可将文摘上著录的"国际大学缩微胶卷公司订购号"(UMI Order No.)摘抄下来函请该公司复制。该公司通讯处为;

Xerox University Microfilm,

Ann Arbor, Michigan 48106 U. S. A.

北京图书馆藏有 76 年以前的美国学位论文缩微胶卷,是美国前总统尼克松赠送的礼品。

中情所编辑有《中国学位论文通报》,双月刊,是检索我国学位论文用的。

七、标准文献

标准文献具有种类多篇幅少的特点,其名称代号由于拥有审批、颁布权的国家、地区、团体的不同而异,而且常常不断更改、替换比较频繁,使得查找工作产生诸多困难。为了方便查索,各国都出版标准目录。如我国技术标准出版社出版的《中华人民共和国国家标准和部颁标准目录》,供查阅我国的标准资料使用。各个国家也出版有标准期刊,如《美国商业部国家标准局技术新闻简报》(Dimensions/NBS),《美国材料试验学会标准新闻》(ASTM standardiZjation News),《西德工业标准通报》(DIN—Mitteilungent Elektronorm)等,专门报道新标准和修改及作废的旧标准。

为了帮助读者查阅方便,现将国际上常用的标准代号摘录如下:

GB	中国国家标准
ISO	国际标准化组织及标准
IEC	国际电工委员会及标准
CCITT	国际电报电话咨询委员会及标准
CCTR	国际无线电通信咨询委员会及标准
UNFAO	联合国粮农组织标准
WHO	世界卫生组织标准
CEN	欧洲标准化委员会标准
ANSI	美国国家标准
ASTM	美国材料试验学会标准
AS	澳大利亚标准
BS	英国国家标准
CSA	加拿大标准
DIN	德国标准

JMS	日本工业标准
NF	法国标准
UNI	意大利标准

其它国家机和地区的标准代号不能一一列举,各个国家和地区还有内部标准,分会标准等非常多,着重要掌握国际标准和我国国家标准的查阅。

查找标准的一般方法:根据标准代号查找有关国家的标准分类目录,从中查出标准分类号;利用标准目录从分类索引或主题索引中查出所需的标准号,最后查出收藏单位的标准索取号,即可获得标准原文的副本。本馆缺藏时可到情报所和国家标准局去查阅。

八、专利文献

专利是授与创造发明人的权利。创造发明的人叫专利权人,专利权人对自己的创造发明享有专有权。转让权和标记权。专利权人享有专利年限因专利类型不同而异,一般约 5～20 年。专利制度是为了促进科技进步的鼓励手段,它包括工业产权、版权(即著作权)和商标权。工业产权中即指发明专利,实用新型专利、外观设计专利三部分;工业产权和版权常合称为知识产权,属于人类精神的创造物,是人类知识创造出的成果。一般科学发现则不具备专利权。

专利文献,是指一切与工业产权有关的文献,如专利说明书、专利公报、专利文摘和索引、专利分类法和与专利法有关的法律文件等。我们平常所说的查专利就是指查找专利说明书。一般,专利文献包含的内容十分广泛,专利文献包揽了世界民用技术发明的 90% 以上,而散落在其它科技文献中仅占 5% 左右。目前,全世界约有 90 多个国家出版专利文献,累积约 3000 多万件。并且还以每年 100 万件的速度增长。

专利说明书是发明人用来具体阐述发明或实用新型或外观设计内容的文件。其作用是将自己的发明内容公诸于世，并在此基础上确定申请要求得到法律保护的技术范围。专利说明书一般由题录（扉页）、正文和附图三部分组成。题录部分内容为有关该专利的各种著录事项，包括文件类别、国内登记、国际优先、披露日期、技术项、法律关联的人事项等项内容。每个著录项前的代号是"巴黎联盟专利局与情报检索国际合作委员会"（INID）制订的用于数据识别的数字代号，如〔1〕代表专利号、〔19〕代表专利国号、〔51〕代表国际专利分类号、〔52〕代表本国专利分类号、〔7〕代表专利申请人、〔72〕代表专利发明人等。正文部分包括序言、发明细节的叙述和权限三部分。序言通常指明技术背景、发明大意等。权限项记述发明的实质性内容，划定专利权的范围，是专利中法律信息的核心。附图是对发明细节的图形说明。

专利文献有新颖实用、量大面广、分类明细、报道及时等特点，是科技人员的重要参考文献。

1985 年 4 月 1 日中国专利法颁布实施，同年 9 月 10 日中国专利局发布我国首批专利公报共 150 件，其中国内申请 124 件，国外 26 件。目前为止，我国专利授权量已达八万多件。

查找专利文献一般可用分类号途径、专利权人途径、专利号途径和申请号途径。

专利文献通常按分类编排，因此检索专利文献首先要了解有关专利分类法。目前，多数国家已采用《国际专利分类表》（IPC）。若是对分类表不熟悉时，可利用"分类表索引"来查出分类号（即类目代号）。然后按类目代号再在专利公报或专利文摘中查出专利号。已知专利号之后即可在馆藏中直接在架上查找出专利文本。

下面列举几个主要国家的专利文献的检索刊物。

1. 中国专利公报和专利说明书　中国专利公报分为发明专利

公报,实用新型专利公报和外观设计专利公报三部分。专利说明书又分为五种,其代号为:

A—发明专利公开说明书

B—发明专利审定说明书

C—发明专利说明书

U—实用新型专利申请书

Y—实用新型专利说明书

另外代号表示:

GK—公开号

SD—审定号

ZL—专利号

CN—中国代号,如 CN850100032A 即中国发明专利公开说明书的代号。

2.美国专利商标局公报(Official Gazette of the U. S. Patent and Trademark Office)

3.英国专利文摘(British Patents Abstracts)

4.日本《特许公报》和《特许·新案集报》。

5.德国专利说明书摘要

6.法国工业专利公报

7.苏联发明创造公报

除了上述各国的专利公报外,英国德温特(Derwent)公司编辑出版了几套专门报道欧美等二十多个国家专利的文摘,按专业分辑报道,各分辑按国别排列,统一用英文,有自编分类号,也标出国际专利分类号,它是检索各国专利文献的重要工具。具体有如下四套:

①《世界专利索引公报题录》(WPI),周刊,分化工、综合、机械、电气四辑;

②《电技术专利索引公报》(EPI),分电气、仪表等六辑;

③《世界专利文摘杂志》(WPAJ),周刊分七辑出版;

④《中心专刊索引公报》(CPI)和《中心专利索引基本文摘杂志》(CPIBAJ),周刊,是报道全部化工专利文献的文摘刊物,分十二辑出版,并编有各种索引,查阅比较方便。

通过对专利文摘的浏览,决定取舍之后根据自己的需要去借阅和复印专利说明书。

第四节　计算机检索

一、概述

随着科学技术的发展,在我国图书馆界已逐步使用计算机来进行文献信息的处理工作。北京大学、清华大学、上海交大、南京大学、浙江大学等已使用计算机来检索馆藏书刊,并从事图书、期刊的流用借阅工作。使用计算机"阅读"磁带、磁盘和光盘等类型的检索工具,如美国《工程索引(光盘式)》和英国《科学文摘(光盘式)》等。一些高等院校还设置国际联机检索终端,不但为教学科研检索国外科技文献信息,而且面向社会开放,为社会主义的经济建设,为工商各业提供经济管理、技术市场和商品市场等信息的各种服务。

计算机检索系统有很多优点,首先它的存储系统采用高密度的磁盘和光盘,信息容量大,例如,一只直径为 12 厘米的光盘容量为 550MB,可以容纳全套《大英百科全书》的内容。第二,它的检索速度快。查全率高是手工检索不能比拟的。第三是检索方便,能以人机对话形式进行。计算机可以帮助用户选择数据库,并按作业指令把检索的结果一一显示在屏幕上,或者直接打印出来。直到用户满意为止。另外,计算机检索自动化程度高,适应性强。

具有一次输入,多次输出和多元输出的特点,能为用户提供多种不同的检索途径。计算机检索的最大特点是有利于实现信息资源共享。如联机检索系统,利用电讯网络消除了地理因素造成的障碍,用户可以坐在家里检索到其它地区、其它国家,甚至于全世界的各种信息,真正实现了"委才不出门能知天下事"的美好愿望。

二、联机检索

联机检索(OnLine)是一种和用通讯网络把计算机主机(即数据系统)和各个检索终端设备的联接起来,由终端设备输入提问,并能直接得到检索结果的计算机检索系统。全世界已投入运行的联机检索系统数量很多,而且越来越多。最著名的有:

DIALOG 系统/美国洛克希德公司,1966——

ORBIT 系统/美国系统发展公司,1965——

ESA 系流/欧洲空间组织,1969——

MEDLINE 系统/美国国家医学图书馆

JOIS 系统/日本国家科技情报中心

STN 系统/德国技术部

我国于 1983 年 10 月中国科技情报所在北京设立了三台快速国际联机检索终端与上述前三大系统联机,至今全国各省市的情报所和著名大学已有几十家单位与这些大系统联机。

我国的联机检索数据库的组建工作起步较晚,1991 年由中国科技情报所组建的《中国企业公司产品数据库》(英文缩写:CEC-DB)系统正式投入使用。该数据库有企业名录、产品介绍、技术市场等有关检索点,用户利用 CECDB 一方面可以宣传自己,一方面可以获得产品贸易、技术交流、投资合作等机会。

三、DIALOG 系统简介

DIALOG 系统是目前世界上最大的国际联机检索服务系统。

60 年代初由美国加州洛克希德公司所属的一个情报科学实验室组建,1964 年表演成功,1966 年运行,1981 年正式成为独立的子公司开始对外提供服务。1988 年美国 KNIGHT－RIDDER 公司以 3.5 亿美元的巨款买下了这家公司。到 1991 年 6 月拥有数据库 400 多个,存储量超过 2.6 亿 MB。占全世界联机数据库存储量 50% 以上。数据库类型齐全,既有文献目录型,数值型和事实型,也有原文数据库。该系统对全世界的公开出版物信息几乎全部收入,各国重要报纸的当日新闻和评论,做到当天存入,会议录、科技报告等文献的提供比印刷发行品要快得多。该系统有一个叫 SS-IE 数据库存储有当前世界上正在进行研究的近两年内即将完成的研究课题。在事实型数据库方面主要有商业新闻、公司名录及介绍,产品目录及介绍、名人录等数据库。对全世界的工商企业、财政金融各界颇具吸引力。例如,515 号库是邓白氏公司电话号码簿,收录美国 800 万家公司的地址、电话、业务范围和雇员人数等信息;600 号库是 MCGRAW－HILL 新闻库,收录当天世界上发生的重大商业新闻;612 号库是日本经济新闻库,收录日本共同社全部英文的电讯稿;621 号库是 PTS 新产品信息库,收录美国及世界各国公司发布的新产品以及它的新工艺、新技术等信息。

DIALOG 系统目前拥有 70 多个国家和地区数千个用户长期租用它的终端。检索步骤大致如下:

①用户与终端站人员共同制订检索策略;

②通过 TYMNET 或 TELENET 远程通讯网络,使终端与 DIALOG 系统的中心站接通,也可以用电话访问中心站;

③首先查 001 号库,提供检索信息,当得知有数据可查时,再开始进行检索;

④确定最后检索式;

⑤打印出用户需要的信息记录;

⑥计算收取用费:通讯网络费,号库租用费,检索正条目服务

费文献打印等。前三项约20、30美元,文献打印费每条收取0.46美元。

思考题

1. 检索工具有哪些类型? 各有什么特点?
2. 检索工具的索引有哪些? 如何利用?
3. 如何进行文献检索? 有哪些方法?
4. 各类文献有些什么检索工具?

第七章　参考工具书的利用

　　会不会利用图书馆，概括起来是三个方面，一是会查目，即能利用目录组织查找图书资料；二是能检索文献，即能利用检索工具查找文献资料；三是能查阅知识条目，即能利用工具书查阅特定的知识信息。前几章已经谈了目录组织和文献的检索途径和方法，本章就第三个方面作些粗略的介绍。

第一节　各类参考工具书简述

　　参考工具书是广泛收集某一范围的知识信息，并以特定的编排方式和检索方法，为读者提供某一方面的全面系统的知识或线索，作为工具专供读者查阅或查索用的特种类型的书籍。也就是说，是为了查阅明确的知识条目或数据，并不是为了连续阅读而编写出版的书籍。它是一种辅助自学的资料性书籍，读者可以通过工具书寻求各种知识，引入专题研究的门径；又有解答问题，提供资料线索的作用。它的内容不但广泛、系统、完整，而且比较可靠，大都是从大量普通原始文献中分离出来的定义、概念、公式、结论及其种种材料，按照工具书特有的要求和编制方法重新加以编辑组合而成的，或由权威人士撰写的经事实鉴证是正确的人、事、物等各种知识性、档案性资料。因此，参考工具书是读者最好的读书顾问,它是读者独立工作、占有资料、求得门径的一种工具。对于这类书,图书馆一般均要集中在一起,放在参考工具书阅览室或有关专业阅览室里供读者查阅。

根据它们的内容和编制方式大致可分为下列几种类型(注:工具书的划分标准不一,有不同的类型名称,本书的划分法属较通用的。):

百科全书、年鉴、手册(便览)、数据集、词典、传记资料、机构名录(指南)、地理资料、书目索引等。

现将各类参考工具书简介如下:

一、百科全书(Encyclopedia)

百科全书是人类知识的系统汇总,它包罗各类学科的基本知识,对每一学科或每一专题提供定义、原理、方法、历史和现状统计以及有关书目等多方面的资料,能告诉我们"什么"、"何时"、"何处"、"为何"等各类信息,集各类工具书之大成,因此是重要的参考源,有人称它为"工具书之王"。特点是内容全面而系统,它的编排方式一般象辞典一样,按条目的字顺或主题字顺编排,但也有少数按学科系统编排。由于百科全书的篇幅较大,为了便于查阅,一般都在书后编有一、二种检索系统。又由于它编辑时间较长,不能及时反映各方面新的进展情况,为了弥补这一不足,目前大多数大部头百科全书的编纂部门均采取"连续修订制"的办法来修改或补充全书的内容,即每年重印时,修订补充一些内容,使其能反映当今最新动态和现状。也有不少百科全书过若干年后再版一次,全面修订其内容,并每年出版该百科全书的年鉴,作为该套百科全书的补充。

百科全书按其内容可分为两类,一类是综合性的,内容涉及自然科学、技术科学、社会科学、文学艺术等各个方面,可以说包罗万象;另一类是专业或专题性的,它集中于某一知识领域,在该学科方面比综合性百科全书论述得详细深入。

百科全书品种甚多,比较有影响的有:

1. New Encyclopedia Britannica, 15th ed. Chicago, Encyclopedia Britannica Educational Corp. 32vols.(新不列颠百科全书)它是西方百科全书中的佼佼者,也是世界各国影响最大的一部百科全书,分成:Propedia(百科类目)、Macropedia(百科详篇)、Mi – cropedia(百科简篇)和 Index(索引)四部分,另外每年出有 Britannica World Data Annnal(不列颠世界数据年鉴)。其中"百科简篇"有中文版。

2. Encyclopedia Americana. New York, Grolier. 30 Vols.(美国百科全书)它是美国出版的第一部大型综合性百科全书,论其内容的权威性仅次于《不列颠百科全书》。该书有中译本。

3. Collier's Encyclopedia. New York, Macmillan Educational Corp. 24 Vols(科利尔百科全书)该书为20世纪中叶才出版的多卷集百科全书,内容配合美国大学和中学的全部课程,为普及型百科全书。

4. McGraw – Hill Encyclopedia of Science and Technology, 6th ed. New York, McGraw – Hill, 1986.(麦格劳·希尔科技百科全书)该书属大口径的科技百科全书,有中译版,是目前最权威、使用最广的多卷集科技百科。

5. 中国大百科全书　北京,中国大百科全书出版社,1980 年,是我国目前正在陆续出版的一部大型综合性百科全书,第一版计划按学科出版分卷八十余卷,至今未出齐。

二、年鉴(Yearbook, Almanac, Annual)

年鉴通常以反映国际间或某一国家有关政治、经济、文化科技的各种概况、人物、事件等的年度发展情况、某一种专门知识的进展情况为宗旨,分类记载一年间大事和汇录一年间统计资料的一种按年出版的工具书。就其内容的多样性而言,相似于百科全书,只是它所提供的除了相当数量的回溯性资料以外,还包括百科全书没有来得及反映的现行资料。因此,它是查考近几年内发生的事件、数据、统计资料和其他动态性问题的重要参考源。年鉴按其内容可分为记事年鉴、综述性年鉴、统计年鉴三大类。记事年鉴是对某方面发展状况的历史性记录,一般记载当年度所发生的大事件和取得的成就与进展;综述性年鉴是关于某方面发展状况的综述汇编,一般反映当前的概况和水平,并对将来的发展前景有所展望;统计年鉴则侧重于统计数字方面,这些统计数字往往是分析和估计某方面发展水平和动向的重要依据。年鉴大多数按类目编排,每册之首多半有细目表,书末有辅助索引,查找较为方便。

比较有影响的年鉴有:

1. 中国百科年鉴　北京,中国大百科全书出版社,1980 年。它是一部综合性大型年鉴,分概况、百科、附录三部分,内容丰富,主要反映和记录上一年国内外重大事件和各学科的新资料。

2. 世界知识年鉴　世界知识出版社,1936 –　这是一种了解和研究世界各国和国际形势的好工具书,全书分各国概况、国际组织和国际会议、专题统计资料、世界大事记和便览五部分。

3. World Almanac and Book of Facts. New York, Newspaper Enterprise Assoc. ,1868 –（世界年鉴）　它是一部综合性年鉴,提供人、地、物、事件及其他多方面的资料,内容涉及社会、政治、财政、宗教、教育、文化、文学、艺术、体育、工农业等,范围是国际性的,其中以美国的材料最为丰富。

4. Europa Yearbook. London,Europa Publ. Ltd. ,1926 –（欧罗巴年鉴）　它是一部世界范围的政治性年鉴,全书分两大部分,即国际组织与世界各国,按统一格局介绍,先是概述,然后是一系列关于经济与社会各方面的统计图表,资料较为详细。

5. Statistical Yearbook. New York, United Nations Statistical Of-

fice, 1949 –（联合国统计年鉴）　该书广泛地汇集了全世界 280 多个国家和地区的统计部门按预定的统计方法和格式收集起来的各个方面的统计资料。

三、手册、便览（Handbook，Manual）

手册是收集某一学科或主题的基本知识、技能、数据等参考资料，是一种带在手边随时可作为查考使用的工具书。它的特点是灵活、实用、内容实际而又概括。主要用于：①解决某一学科或专题中的实际困难；②指导从事某项工作或活动（包括工作方法上的、程序上的、理论和经验上的）；③查找散见于多学科情报源中有关资料。

手册的编制体系颇不一致，这是由于各种手册包括的内容性质所决定的。一般按类目排列，再配以内容主题分析索引；有的却全是图表（包括符号、公式、方程式等），按照技术步骤或操作程序加以编排。

手册种类很多，篇幅有大有小，主要是专科性的，综合性的手册不太多。什么操作手册、实验手册、安装手册、管理手册、产品手册、用户手册、学习手册、训练手册等等名称十分繁多，本书不可能一一介绍，比较有影响的综合性的杂集型手册有：

1. Guinness Book of World Records. New York, Sterling Publ. Co. 1955 –（吉尼斯世界纪录大全）　该书收录世界范围内自古至今的最高、最低、最大、最小、最长、最早等事物之最，已收录 15,000 项世界纪录。是一部猎奇性手册，已转译成 31 种文字，也有中译本。

2. Holidays and Anniversaries of the World. Detroit, Gale, 1985（世界假日和纪念日手册）　供查找世界各国各民族各种节假日纪念日的有关信息，全书收录 18,000 个节假日。

3. Awards, Honors and Prizes, 8th ed. Detroit, Gale, 1989.（奖

赏、荣誉与奖品手册）　供查找各种奖赏、荣誉等信息,已收录政治、商业、财政、教育、文学、法律、新闻、电影、音乐、摄影、科技、医学等授奖项目 19400 项。

在这里要顺便介绍一下,手册、专业百科全书、年鉴都是常用的工具书,读者应该了解它们在性质和作用上的异同之处,这对有效地利用工具书是有好处的。

首先,手册和专业百科全书两者都针对某学科领域,提供全面、成熟的知识和资料。但手册是偏重收集某一中心主题和专科领域的各种事实、数据,不注重深入钻研论述,通常是读者在工作过程中为检索具体数据事实而使用的工具书,帮助具体工作的进行,使用手册是以读者已掌握此领域中基本知识为先决条件的。专业百科全书的条目强调系统而全面的基本知识,它的着眼点是向读者介绍一些背景材料,更多地给读者以回溯性研究之用,不着力于提供具体的实用材料,供初学者学习参考用。

其次,手册和年鉴的共同之处都是提供事实、数据等具体资料。但手册是成熟的既定知识和公认的事实、数据,不是当前的进展资料,供查回溯性的实用材料;年鉴主要提供最新资料和动态信息。

四、数据集（Data book）

数据集实际上是一般科技手册演化和发展而来的,多数介绍参考工具书的书籍并没有把它作为单独的一种工具书类型向读者介绍,本书把它作为一种工具书类型介绍,主要是考虑到这类工具书在科技领域里的作用日益重要,数量也在不断增加。

数据集是一种"浓缩"情报的出版物,它把实际测得的和实验中得到的数据,把经过精确和复杂计算获得的数据汇编在一起,通常包括定义、定律、物质性能、分子式、公式、表格、曲线图、坐标、参数、常数等基本素材,因此可以认为是以最精确形式描述的科学知识的"结晶"。由于各种数据往往需要不断地修正或补充,因此一般以卡片或活页形式出版的较多,它往往先用一定篇幅的文字对概念、定义、原理、现象、方法等作适当的解释和阐述,再用图表等形式将有关的数据、符号、公式、规格、略语等形象化、图表化。数据集种类多,较有影响的有:

1. Landolt – Bornstein Numerical Data and Functional Relationships in Science and Technology. Berlin, Springer. (朗道—伯恩斯坦自然科学与技术数据和函数关系) 该数据集主要提供物理学、物理化学、地球物理、天体物理、工业研究等方面的各类数据。

2. Handbook of chemistry and Physics. Cleveland, CRC, 1913 – (化学和物理学手册) 该书主要提供化学和物理学方面的各种数据,每年更新一次。

3. Engineering Science Data. London, Engineering Sciences Data Unit (工程科学数据集) 该书主要提供气动力学、结构、性能、疲劳等工程方面的各种数据。

4. Sadder Standard Spectra. Philadelphia, Sadder Research Lab (萨德勒标准光谱图) 是利用光谱图鉴定物质的组成成分和结构的工具书。

除上面提到的查阅数据、光谱图等资料的工具书以外,近年来还出现了专门登载各种数据资料的新型期刊,如美国化学学会(ACS)和美国物理学会(ATP)与国家标准局协作出版的《Journal of Physical and Chemical Reference Data》、美国化学学会编辑出版的《Journal of chemical and Engineering Data》,以及美国 Data 公司出版的一系列电子元器件特性表,如:《Microprocessor IC Data Digest》、《Digital integrated Circuits Data Digest》、《Modules/Hybrids Data Digest》等,这些期刊是查找有关最新数据资料的重要来源。

五、词典（Dictionary）

词典是汇集语言里的词语，按照一定的原则（通常按字顺）有系统地编纂起来，为每个词语提供词形、词音、词义、词语、惯用法等基本词语信息，说明其语法和修辞特征，有些词典还有同义词、反义词、派生词、图表说明、传记及地理、历史资料等说明。此外，词典的正文前后往往有许多附加材料，包括各种与词语有关的材料，如语法、句法、不规则动词、前缀、后缀、词尾变化等，也包括非语言性材料，如名人录、各国人口、面积、首都一览表、机构、统计、度量衡表等。词典的这些附加材料实际上是多种小工具书的集合体，我们可以加于利用。

词典从理论上说主要是对词的解释，说明词的各方面知识，而不说明由词所代表的事物。在这一方面，词典与阐述事物为主的百科全书不一样，但是，目前不少综合性大词典不但可以查词的知识。还可以用来查事物、事件、人物、地理名等，说明词语的学科含义，或解释词语所代表的事物和概念，具有词典和百科全书的双重作用，有人把这种词典叫做知识词典。因此，就广义而论，目前的词典包括语言词典和知识词典两大类。在语言词典中，如按文字种类分有单语词典和双语或多语词典；如按内容性质分有综合性词典和专科词典；按语言特征分有一般性通用词典和特定语言词典，包括词源词典、俚语词典、口语词典、方言习语词典、外来语词典、成语词典、引语词典、惯用语词典、同义词反义词词典、缩略语首字母词典等等。

词典品种很多，较有影响的有：

1. Webster's 3rd New International Dictionary of English Language. Springfield, Merriam – Webster Inc., 1961（韦氏三版新国际英语词典） 该词典收词 45 万余条，内有 20 万条引语用于例证，使释义更有依据，它是目前最具权威最有影响的综合性语言词典。

149

2. Oxford English Dictionary, znd ed. Oxford, Clarendon, 1989. (牛津英语大词典) 它是一部按历史原则编纂的语言词典,有 20 卷,共收词 50 万条,引文 240 万条。该书有光盘版。

3. 辞海 上海,辞书出版社,1989. 该书属知识词典。

4. 现代汉语词典 中国社科院语言研究所编 商务印书馆,1978.

适合大学生使用的英汉双语词典在这里推荐如下几种:

1. 英华大辞典,修订第二版 郑易里、曹成修主编,商务印书馆,1984.

2. 新英汉词典,增补本 复旦大学等单位合编,上海译文出版社,1985 年.

3. 牛津现代高级英汉双解辞典,第三版 A. S. Hornby 主编,牛津大学出版社,1984.

4. 朗文当代英汉双解词典 朗文出版集团,1988.

六、传记资料(Biographical Source)

传记资料是查阅国内外各界著名人士生平史实的工具书。它以人名设主条目,著录内容除姓名外,还有生卒年月、出身、家庭情况、学历、任职情况及主要活动、主要成就和著作、通讯地址等。传记资料一般按姓名的字顺排列,有时附地区或职业类目的索引。

传记资料通常分三大类:即传记词典、名人录和传记检索工具。

1. 传记词典(Biographical Dictionary),它是收藏已故历史人物的生平,并对被传人的生平进行全面的评价,内容比较详细。经常附有与被传人有关的参考书目。

2. 名人录(Who's Who),与传记词典相比,名人录主要收录当代名人,即活着的名人,仅提供简明的履历资料,不作全面详述,完全是名录型的。

3. 传记检索工具,是指传记书目和传记索引。传记书目是收录描述传记词典和名人录的书目,用以选择传记词典或名人录的重要工具。传记索引是提供被传人的传记资料来源,它将分散在传记词典、名人录里或书刊里的各类传记资料线索集中在一起,供读者查检,是查检传记资料的检索工具。

传记资料按收录的范围可再分为三大类:①国际性的,包括全世界任何国家的各类著名人士;②一国的或地区性的,限于某国家或地区的各类著名人士;③专业性的,限于某学科领域或专业范围的著名人士,它又可分为国际性的和地区性或一国的两类。

1. 比较有影响的传记资料有:

International Who's Who. London, Europa, 1935 - (国际名人录) 每年出版一次,收录世界各国政治、经济、文艺、法律、外交、教育、宗教、科学界当代优秀人物传记约 2 万条,其中每年新增约1500 名。

2. Webster's New biographical Dictionary. Springfield, Merriam, 1985.(韦氏新传记词典) 收录有史以来至今的已故人物 4万余名,包括世界各国各民族的人物,美国人居多。

3. American Men and Women of Science, 17th ed. New York, Bowker, 1989.(美国男女科学家) 共八卷,收录美国和加拿大当代男女科学家 14 万名。

4. Dictionary of Scientific Biography. New York, Scribner's, 1970 - 90.(科学传记词典) 共 18 卷,收录了 90 个国家的 6000名已故著名科学家传记和专题文章,是一部国际性的学术价值很高的科学家传记词典。

5,中国历史人物辞典 吴海林、李延诇编,黑龙江人民出版社,1983,分正、续两编,收录人物起自商代至本世纪 80 年代初。

除了上面谈到的专门性的传记资料外,其它工具书也往往提供大量的传记资料,有些内容还相当详细,像百科全书、年鉴、名录指南等类工具书,其内容本身就有大量的传记资料,大型的语文词典内也有名人简介或作为附录的名人录,这些是我们平时查找传记资料时可以利用的信息源。

七、机构名录(Directory)

机构名录,又称指南,主要为读者提供组织机构(包括国际组织、政府机构、学术团体、贸易厂商、企业单位等)各种情况的工具书。著录内容一般有单位名称、地址、负责人姓名、人事组织、历史沿革、设备、产品、业务科目、主要活动和出版物等。

机构名录这类工具书随着人类社会活动的频繁和各种组织机构的增加而越来越多,按其使用习惯,我们通常把它分成如下几类:①综合性机构名录;②学术性机构名录;③工商企业名录;④专门行业名录;⑤其他名录。

机构名录的编排体例多数是按分类或地区排列,即有的先划分地区和国家,再按类目排列,有的先粗分大类,再在大类下按国家或地区排列,书前有目次,书后有字顺索引。也有一些机构名录的正文按机构名的字顺排列,后附地区或分类索引。

机构名录的品种很多,影响较大的有:

1. 中国企事业名录大全 经济科学出版社,共四册,它是目前我国规模最大、收录最全的综合性全国性机构工具书。

2. Encyclopedia of Associations. Detroit,Gale,1956 –(协会大全) 分五卷,按 17 个大类介绍 2.1 万多个美国机构。

3. World of Learning. London,Europa,1947 –(学术世界)该书收录各国学术团体、研究机构、大学、图书馆等 2.6 万多个单位。

4. Research Centers Directory, 4th ed. Detroit, Gale, 1990(研究中心指南)。

5. International Research Centers Directory, 5th ed. Detroit,

Gale,1990/91(国际研究中心指南) 以上两种为姐妹篇,前者主要收录美国的研究机构,后者为世界其他国家的研究机构。

应该注意的是,除了名录以外,其它类型的工具书,如百科全书、年鉴以及地理资料里也含有丰富的名录性资料。

八、地理资料(Geographical Source)

地理资料是地图集(Atlas)和地名词典(Geographical Dictionary)的总称,它是查阅地理地名的工具书。地理资料按其收录范围可分为国际性的、地区或一国的、分省或分州的几种类型。地图按其内容可分为普通地图和专门地图两大类,专门地图又可分为自然地图(如气候图、水文图、地质图、土壤图、植被图等)、社会经济图(如经济图、行政区域图、人口分布图、历史地图等)和专业技术地图(如航空图、航海图)等三大类。

地名词典(包括地名索引、行政区划简册、历代地理沿革等)是帮助我们使用地图、查阅地理方面的名词、资料所常用的工具书。它除提供地域方位外,还说明地名的正确读音和提供地名(包括城市、乡村、河流、山脉、湖泊等)的地理特征、历史沿革、统计资料以及人文、政治、经济等方面的资料。

比较有影响的地理资料有:

1. Webster's New Geographical Dictionary, rev. ed. Springfield, Merriam, 1984. (韦氏新地理词典) 收录世界各国地名约4.7万条,有参见1.5万条。

2. New International Atlas. Chicago, Rand McNally, 1982. (新国际地图集)

3. 世界地名录 中国大百科全书出版社

4. 世界地图集 中国地图出版社

九、书目索引文摘（Bibliography, Index, Abstract）

书目、索引、文摘在前面几章里已有介绍，这里仅作为工具书的一种类型向读者进行介绍。书目、索引和文摘都是对文献进行控制和检索的工具，属检索型工具书，与百科全书、词典、年鉴、手册等组成的资料型工具书相对应，它们只是提供信息的线索，不是信息本身。

书目主要是揭示和检索作为独立单元出版的文献，如图书、期刊等；索引则主要用于揭示和检索隐含于独立出版单元文献中的个体知识或信息单元，如期刊论文或书籍中可作为独立概念出现的知识信息单元。所以有人把书目称为文献的宏观著录，把索引称为文献的微观著录。文摘是索引的进一步发展和延伸，既具有如同索引揭示信息出处的功能，又给出简明的内容提要。

这里所说的书目，是书本式目录的简称。它除掉前面提到的图书馆馆藏目录以外，还有在版书目（或叫营业书目）、联合书目、期刊目录、书目之书目。

在版书目（Books in Print），例如《British Books in Print》（英国在版书目），主要是为书业贸易而编的书目，由各出版社提供书目信息，它主要是作为读者和图书馆选购图书的工具。

联合书目（Union Catalog），例如《National Union Catalog》（美国全国联合书目），实际上是各图书馆馆藏目录的延伸，给读者提供完整的书目信息和收藏单位，是读者查找图书的主要信息源。

期刊目录（Periodicals Catalog），如《Ulrich's Interuational Periodicals Directory》（乌利希国际期刊指南），是专门报道和介绍连续性出版物的目录。

书目之书目（Bibliography of Bibliographies），顾名思义是各种书目的书目，报道和介绍各类书目的书目。

索引和文摘在第六章里已有介绍，这里不重复了。

第二节　工具书的编排特点

　　工具书的编写目的是供读者查询特定的信息和信息线索的，并不像普通图书那样供读者系统阅读，因此，它的编排结构不同于普通图书，必然要突出可查检性这一特征，为了便于查检，工具书通常在几个方面着手。首先，在正文编排上，工具书一般采用特定的排列法，如用字顺排列法、时序排列法等。将内容分条阐述，不像普通图书那样较注重系统性、连贯性，强调内容的层次、分属关系。其次，在辅助检索手段上，工具书一般要提供尽可能多的检索途径，让读者从不同的角度查阅到有关信息。此外，在正文和索引中通常有足够的参照系统和注释，为读者提供更多的信息线索。

　　具体介绍如下：

一、工具书的一般结构

　　工具书与普通图书一样，通常有四大部分组成，即封面、文前栏目、正文和书后附录部分。与普通图书相同的部分在这里不重复，前面第三章第三节里已有介绍，在此着重介绍一下普通图书里没有的或不突出的部分。

　　1.文前栏目部分，除与普通图书一样有书名页、版权面、献言页、目次、序言、前言、导引等以外，往往还有使用说明和缩略词表两部分。前面已经谈到，工具书最根本的特征是它的可查检性，某种工具书到底采用何种编排方法，在使用说明中必将向读者作详细的说明。一般情况下，使用说明通过条目选例用直观示图和文字解释等方法，详细介绍其中的编排方法，以及条目中每一事项的含义，指导读者正确使用。

　　缩略词表是指导使用工具书的又一重要部分。工具书为了达到高信息量,又要尽可能控制篇幅,除了所收材料的高度精选、浓缩以外,对于在正文中经常反复出现的某些术语、用语,通常用缩略词的形式出现在正文中,这是工具书所特有的。如果读者预先不了解或不熟悉这些缩略词,将几乎无法使用。因此,每种工具书在文前栏目中必将有缩略词表供读者参考。

2. 正文部分与普通图书一样,是工具书的主体部分。工具书的正文是一个经过精选和浓缩的信息汇编,是由众多的格式统一而又各自独立的信息单元组成的。这些信息单元包括短文式的条目、描述性的款目、必要的参照款目等,采用特殊的排列法(在下一节中将详细讨论)进行组织编排。

3. 书后附属部分,工具书要求编有尽可能多的信息量和完备的查检途径,因此,它的书后附属部分比普通图书要丰富得多。通常书后附属部分可分三类,即附录、辅助检索途径、书目和脚注。

附录——工具书附录的作用值得重视,它往往是作为工具书正文的补充,提供各种材料。这些附录的材料有的与正文有密切联系,只是为了使正文内容更为紧凑,将其作为附录处理;有的在性质上与正文没有多大联系,是为了扩大材料来源,增强工具书的参考作用;还有的把同一类型的信息汇总在一起,使读者使用方便,给人于一目了然的感觉。

辅助检索途径——辅助检索途径一般是指各种索引,工具书为了提供尽可能多的检索途径,强化工具书的功能,使读者能从各种不同角度查阅到所需的材料,无论工具书正文按何种方法排列,一般另外还有一、二种甚至更多的辅助检索途径,这是工具书不同于普通图书的另一个特征。对于不太熟悉工具书正文编排结构的读者,最好先使用这些索引,这将会大大提高使用工具书的效率。

脚注和书目——脚注通常情况下,与普通图书一样,是正文中出现的有关材料的解释和补充,或是作为追溯原始材料的依据,它们对正文内容有进一步了解的读者是重要的材料信息来源。书目

156

与普通图书相同,在此不赘述。

二、工具书的排列方法

工具书的排列方法通常有:字顺排列法、分类或主题排列法、时序排列法、地区排列法和列表排列法等几种形式。

字顺排列法在工具书中,尤其在外文工具书中最为常用,因为它可以按字顺的排列次序一索即得,非常直接便捷。当然,中文的字顺排列除按拼音以外,笔划、笔形、部首等排列法远比外文复杂,查检起来相对来说比较费时,必须先数清笔划数,认准笔形次序后再进行查检。

这里先简单地介绍一下中文笔划、笔顺排列法的基本规则:首先按第一个字的笔划多少进行排列,笔划少的在前,笔划多的在后,笔划相同的按笔形的起笔"点、横、竖、撇"顺序排列,第一字相同的比第二字,以此类推。部首排列法与笔划笔顺法基本相同,不同的是先按部首的笔划笔顺比,在同一部首中再按其他部分的笔划笔顺进行排列。

外文的字顺排列法具体有两种操作方法,一种是逐词排列法,即"Word by Word";另一种是以字母为单位的排列法,即"Letter by Letter",请注意两种操作方法的不同结果。见下表。

在外文字顺排列法中,以下几种情况是值得读者注意的:

1.关于首字母、缩略词的排列法。通常的传统习惯是将首字母或缩略词还原成全称后,按全称的字母顺序进行排检。

Word by Word	Letter by Letter
Chemical engineering	Chemical engineering
Chemical materials	Chemiccally treatment
Chemially treatment	Chemical matericals

例如,UN → United Nations;AACR → Anglo – American Catalogong Rules. 但是,目前的趋势是直接按缩略词作为一个词进行排检,在全称处用"见"条指引到缩略词处。

2. 关于数字、年、月的排列法。习惯上将数字、年、月转译成外文词后,再按字顺排检。例如, 2→two; lst→first; 1992→nineteen ninety – two。

3. 在条目前或中间的小品词,如冠词、介词、连词等的取舍问题。条目前面的冠词在排列时一般都忽略不计,如果在条目中间的,通常作为一个词进行排列,但也有忽略不计的。

4. 名称相同而分别代表人、地、事的条目,通常按人、地、事的排列次序排列。例如, Mercury(罗马神)、Mercury(行星名) mer – cury(元素名)。

5. 对国外人名的排检,要注意以下几点:①外国人的姓名与我国相反,通常是将姓写在后面,名写在前面,在排检时必须先以姓排列,再以名排列。要在一长串外文姓名中识别出姓来,最简单的方法是看姓名中间有没有逗号",撇开,如有逗号撇开的,逗号前面的为姓,后面的为名;如果没有逗号撇开,则最后的为姓。如, Fred W. Price 中"Price"为姓。Katz, William A. 中"Katz"为姓;②关于某些姓氏前缀(冠词和介词)的处理,如 de, la, van, von 等,通常应按这些人的所在国的习惯,将姓氏前缀作为姓的一部分,如 Martin Van Buren 中"Van Buren"为姓, Charles De Gaulle 中"De Gaulle"为姓。但目前的排检趋势是将这些前缀不与姓连在一起,用"见"形式指引你到该人的款目处。③姓名相同的人名,先按该人的国籍的字顺排列再按人物的历史年代排列。①对于姓氏中的缩写 St.、M.、Mc,通常要拼写出全你 Saint、Mac 后再排列。⑤对于某些作者,尤其是文学家、评论家,往往人们只知道其笔名,不知其真实姓名,一般先要借助笔名别名词典,查出他们的真实姓名后再到相应的字顺位置去查找。

6. 地名的排检。地名的排检一般先按地名的专名,再按通名排检,例如,Strait of Malacca(马六甲海峡)中的 Strait (海峡)为通名,Malacca 为专名,应按"Malacca,Strait of"次序排列;又如 Lake Michigan(密执安湖)中的 Lake(湖)为通名,Michigan 为专名,应按"Michigan,Lake"排列。

分类或主题排列法一般按某一分类法或主题法的顺序对条目进行排列,方法与分类目录、主题目录相同,在此不重复。一般多用于书目、索引、文摘和手册等类工具书中。

时序法就是按年、月的先后次序进行排列,一般用于年表、历表、大事记等工具书中;地序法就是按地理区划的大小进行排列,多用于地图集或其他地理工具书中;列表法就是将有关信息或数据按属性分组后以图表形式排列的方法,一般用于年鉴、手册、统计资料、数据集等类工具书中。

以上种种排列法常常相互补充,在同一种工具书中,正文和辅助索引之间,往往根据材料的性质或编纂意图,分别采用不同排列法,以便提供多种查检途径。例如,工具书的正文按分类排列的,一般在书后面必定有条目的字顺索引;如果正文按条目字顺排列,一般必定通过参照系统反映条目之间的学科关系,并提供完善的分类索引;对于正文采用时序、地序、列表法排列的,在书后必定有字顺索引作辅助检索途径。

第三节　利用参考工具书的方法

我们要掌握知识,攀登科学高峰,就必须学习前人的经验,就要阅读书刊资料。古今中外的书刊资料是相当丰富的,如何才能得到读书要领?如何提高治学效果呢?毫无疑问,学会利用工具书是提高读书治学效果的最好方法之一,它可以帮助培养独立思考和独立立工作的能力。同时,利用工具书是科研工作者占有资料的重要途径和方法,凡对于人名、地名、机构情况、事义、数据等确切的信息均能通过查阅参考工具书获得。因此,学会利用工具书可以节省不少寻求资料的时间,达到事半功倍的效果

在本章第一节里已经知道,参考工具书种类很多,当碰到问题时到底应该如何使用工具书呢? 反该怎样着手呢? 下面是使用参考工具书的简单流程图:

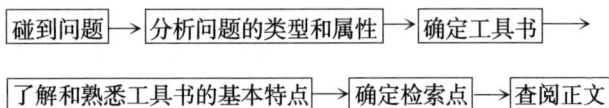

碰到问题 → 分析问题的类型和属性 → 确定工具书 →

了解和熟悉工具书的基本特点 → 确定检索点 → 查阅正文

1. 碰到问题　一个人的知识总是有限的,在学习和研究过程中,多少会遇到一些问题或不懂的地方,如某人的生平、某地名在哪个方位、某个典故的出处、某词的发音及含义等等。这时,为了解决问题,一种途径是请教别人,但问人终究要受到时间和地点等条件的限制;另一种途径是查阅有关的参考工具书。事实证明,工具书好比是无数的良师益友,能帮助解决各类疑难问题。

2. 分析问题的类型和属性　在查阅工具书以前,首先要分析一下碰到的问题是属于什么类型与属性。人类的知识是多方面的,学习和研究过程中碰到的问题也是各种各样的,只有明确了问题的类型和属性,才能找到相应的工具书进行查阅,这好比医生在开药方以前首先要弄清病人的病情是属于哪种病的症状一样,否则就不能解决问题,不能对症下药。问题的类型概括起来可分成表7.1 所列的17 类。

3. 确定工具书　在前面已有介绍,各类工具书由于编纂目的不同,在取材范围和编排方式上都各有差异,即使同类型的工具书,有综合性的,也有专科性的;有简易的,也有详细完整的。我们可以根据问题的类型及学习的不同目的来确定适当的工具书。在

确定和挑选工具书的过程中,通常应遵循如下要领:

①由综合性到专科性。一般情况下,综合性工具书涉及的面广泛,但比较简明扼要;而专科性工具书则相反,取材范围相对地比较综合性工具书要窄,但就专业范围而言,某专科的工具书论述要比综合性的详细专深。当你在综合性工具书中查阅到的材料还感到不够时,可以进一步查阅有关专科工具书。

②由简易本(或节本)到完整本。简易本相当于文章的摘要,概略地介绍一般性知识概念,给人一目了然的印象;而完整本相对来说解释比较详尽具体。先查简易本可节省不少时间,在简易本里解决不了的问题可以再查阅完整本。

③由近及远。有些工具书,如年鉴、机构名录、名人录等是经常要更换新版本,在查阅这类工具书时,我们一般应该首先查阅最新的版本,因为最新版本往往包括旧版本里的资料,并且增加新的内容,对旧版本里的陈旧内容或错误的地方,在新版本中也会修改和更正。对于某些资料,在新版本中查不到时再追溯到旧版本那里去,可节省不少查阅时间。

如何确定工具书? 只要了解下列两个问题就显得容易了,即:什么问题应该查阅什么工具书和什么工具书可以解决哪些问题。表7.1 和表7.2 是为了回答上述两个问题而编制的,供读者参考。

表7.1　问题类型及能提供答案的相应工具书

问题类型	例　子	能提供答案的相应工具书
人物	Isaac Bashevis Singer 是何许人?	传记资料、百科全书、指南、年鉴
物名	什么是全息照相?	百科全书、手册、词典
事件	水门事件是怎么一回事?	年鉴、百科全书
背景	联合国是怎样建立起来的?	百科全书、年鉴
现状	1989 年世界上图书出版的总数有多少?	年鉴

问题类型	例　子	能提供答案的相应工具书
组织结构	IFLA 的宗旨是什么？	指南、百科全书、年鉴、地理资料
概念	Chaos 理论是什么含义？	百科全书、词典
定义	什么叫超导技术	手册、词典、百科全书
公式	热力学第二定律的公式是什么？	手册、数据集
历史年代	英国工业革命起始于何年？	百科全书
趋势	世界能源的开发前景如何？	年鉴
活动	Unesco 最近有些什么活动	年鉴、指南
数据	氮的液化温度是多少？	数据集、手册
性能	球墨铸铁的特性是什么？	手册、百科全书、数据集
词语	Bibligraphy 的出处是什么？	词典、百科全书
地理知识	Mount Everest 的地理位置？	地理资料、百科全书
书目资料	能否提供超弦方面的资料？	书目、索引、文摘、传记资料、百科全书、指南

表7.2　各类工具书及能解答的问题类型

工具书类型	能解答的问题类型
百科全书	人物、物名、事件、背景、组织机构、概念、定义、性能、历史年代地理知识、书目资料、统计资料等
年鉴	人物、事件、背景、现状、趋势、活动、机构、统计资料等
手册	物名、定义、公式、数据、性能
词典	语言、概念、定义
数据集	公式、数据、性能
指南	组织机构、人物、活动、书目
传记资料	人物、书目资料
地理资料	地理知识、统计资料、组织机构
书目、索引、文摘	书目资料

　　4.了解和熟悉工具书的基本特点　为了能有效地利用参考工具书,在查阅前应该先了解工具书的取材范围、使用对象、编排体

例、缩略语和符号说明、排检方法、有哪些附录和索引等基本特点，这是迅速而准确地查阅到自己所需要资料的前提。

5. 确定检索点　在基本掌握了使用说明等情况后，就可以着手按问题中的已知信息在工具书中找到相应的检索点。在工具书中查找检索点，一般有三种方法：①利用工具书中有关索引；②利用目次；③一页页地浏览全书。很显然，第三种方法的效率最低，在第一、二种方法均告失败时，不得已情况下使用的。第二种方法利用目次，能指导你到可能包含你所需要的信息的那一部分中去。但它没有具体的位置，需花费一定的时间，当查阅的工具书没有索引或利用索引没有找到相应的检索点时使用。第一种方法的效率最高，在查阅工具书时，最好先利用它的索引，因索引是工具书的钥匙，一般情况下，凡是能独立成为信息单元的内容，都会作为索引条目。

在查阅时，对于按字顺排列的工具书，使用比较方便，可以按字顺直接在工具书中找到相应的条目（检索点）。对于按年代时序或地域划分的工具书，要先确定已知信息的年限或地区，在工具书中查找相应的条目。对于按主题或分类排列的工具书，比较麻烦一点，首先要了解一下所用的是什么主题法或分类法，大致掌握了它的编排体系后，再将问题中的已知信息转换成工具书所用的有关主题词和类目，然后在工具书中查找相应的条目。当然图书分类法和主题法不是一朝一夕就能掌握的，我们尽可能要利用分类简表，从简表中找到大类后，再在分类表中逐级向下查看，或直接从分类法的类目索引中查找有关类目，再进入类表查看。主题法的情况也是这样，当找不到检索点时。可到索引中去查找。主题词的确定特别要注意以下几个方面，即①同义词、近义词的选择；②主题词的倒装；③主题词的级别。

6. 查阅正文　正文的查阅是利用工具书的最后步骤，也是读者的真正目的，在此过程中，除阅读正文条目以外，还需要注意参见条目、参考文献、注释等,这是补充资料和深入研究的主要线索和提示,希望读者不要疏忽。

思考题

1. 参考工具书有哪些类型? 各有什么特点?

2. 在编排上工具书与普通图书有什么不同? 工具书通常用哪些方法编排书的内容?

3. 查找工具书该分哪些步骤?

第八章　治学和撰写研究论文的方法

第一节　读书方法

随着社会的进步,各种新学科、新技术、新论点不断涌现,反映这些新知识的文献也相应大量增加。我们要在浩如烟海的图书资料中迅速获得所需的知识,收到事半功倍的效果,一方面必须学会利用图书馆,另一方面必须掌握科学的读书方法,养成一个好的读书习惯。

读书方法各人可以根据自己的特点有所不同,但有几点是共同的:

1.要有明确的目标　作为获取知识手段的读书,应当服从于一定的目标。这里说的目标,包括为什么要读某一类或其一种书;读了这些书后要达到什么目的等,这是阅读者在读书时首先要明确的。一般青年人,尤其是大学生,兴趣广泛,什么知识都想学,今天看这方面的书,明天阅那方面的刊,东翻翻,西看看,没有明确的学习目的,这是不利于知识的系统积累。因为人生的时间和精力毕竟有限,不可能对各类知识进行全面的了解和学习,想要在有限的时间内尽可能多地获得知识,必须要有目的性,明确一个目标,围绕这个目标,阅读有关方面的书籍,在一定时间内,集中学习一个主题,这样做,既利于记忆,也便于积累。

2.要循序渐进　知识本身是有规律的,人们的认识过程也是有规律的。循序,就是依照次序从基础知识、基本理论到专业知识、专业理论;渐进,就是由浅入深、由简到繁、由易到难、由点到面地逐步加深。循序渐进,既符合知识的规律,也符合人们认识客观事物,获取知识的客观规律。学习一门知识,从不懂到懂,最后达到运用自如,必须阅读大量的书刊资料。一开始切忌贪多求快,囫囵吞枣,一定要从基础知识着手,了解基本原理,领会其中精髓,由浅入深,不要在未彻底弄懂基本道理,系统掌握基本技能以前就阅读高深的理论著作,否则会对知识一知半解,似懂非懂,根基不扎实,不可能进入"自由王国"。高深的学问,是从最基础的知识逐渐积累而得来的,正如万丈高楼要由一砖一瓦垒起来的一样,所谓"欲速则不达",也是说明这个道理的。另一方面,也不要长时间读同一水准的书籍,否则进步就缓慢,将会降低读书效率。

3. 既要精读又要博览 精读,就是仔细阅读,逐章逐段地深入钻研,也就是说,细嚼慢咽,熟读精思;博览是一种浏览式阅读,即粗略地看一看,了解一个大概,对读物有个初步印象。精读和博览是相辅相成的,精读理解得透彻,便于巩固知识;而博览可以开阔视野,增长知识。精读和博览是人们掌握知识的重要手段,俗语道:"根深叶茂,本固枝荣"。惟有博才能广,惟有专才能精,这是读书的辩证法,如果书读得少,知识面就窄,根基必然浅薄,当然就难于专深。要掌握一门学问,对于该学科的经典著作、代表作必须要精读,但仅限于几本经典著作是不够的,每本著作总有它的局限性、片面性,不可能面面俱到,否则就不可能成为经典。因此,我们就要在精读的基础上进行泛读,即博览。通过博览,巩固和加深领会经典中的基本原理,补充和充实经典著作中的不足。这是精读与博览的第一个含义。另一含义是我们要在掌握了一门知识的基础上,继而博览群书,了解和学习多方面的知识,通过"博"达到多学科的"精",这样就有可能遇到问题,举一反三,触类旁通。众所周知,目前的科学技术发展很迅速,学科之间相互渗透、相互利用

166

的情况日益频繁,单一地掌握一门知识已不适应时代的要求,要在做学问方面有所创建,精读和博览两者均不能偏废,必须做到专而不死,博而不滥,广泛涉猎,博收兼蓄。

4. 要善于积累,持之以恒 古今中外有学问有成就者,无一不是十分注意知识的积累,"千里之行,始于足下",学问是靠一点一滴地积累起来的。如果只顾读书,不注意知识的积累。或积累方法不得法都将影响做学问的效果。积累知识通常有两种方法,一是做读书笔记,二是做读书卡片(具体做法见下一节)。同时要持之以恒,不能三天打鱼,两天晒网,要养成做读书笔记或读书卡片的习惯。

5. 要灵活运用,推新出新 读书的目的是为了丰富知识,增长才干,学以致用。千万不能生搬硬套,死记硬背,要领会精神,理解其中道理,要把书中的精华与自己的见解加以比较,融会贯通;要学会分析不同观点的方法,取其精华,弃其糟粕。只有这样,才能做好学问,有所建树。

第二节 读书笔记和读书卡片

为了提高读书效率,增强独立阅读的能力,还应该采用辅助手段,这就是作读书笔记和读书卡片。

人们的记忆力是有限的,读书笔记则是弥补这种不足的最有效的方法。记笔记实际上帮助人们延长记忆力,是人脑有效的外存贮器。俗语道:好记性不如烂笔头。

作读书笔记必须在认真阅读之后,在对所读的文章内容有较清楚的理解的基础上进行,因此,读书笔记是读书与思考过程的产物。通过作笔记,可以促使读书者更好地把握问题的重点和实质,又可以锻炼判断、概括的能力,它是加强思维能力的一种有效的辅助手段,也是加深理解的一个不可缺少的重要环节。因此,经常做读书笔记,有利于记忆,有利于理解,可以加深印象;同时,随手摘抄书中有价值的材料,日积月累,就能从中收集和积累资料,丰富知识,日后写文章引用就可以随手可得。做读书笔记的方法很多,这里主要介绍两种。

一、摘录笔记

这是平时用得最普遍的一种读书笔记,就是摘录原文中的基本原理、重要数据和图表、主要论点、结论、佳句、警句等。摘录的内容一般要少而精,但要注意不能断章取义,不要改动原文的字句和标点。当然还要注明出处,包括作者、书名、出版社、出版年、页数,或作者、篇名、期刊名、卷期数、年代、页码等,以便日后引用时核对。

二、提纲笔记

又叫提要笔记,即把原文的基本内容、中心思想、主要论点用自己的话加于概括,也可以摘引原文,再加上自己的一点说明或评论。这种读书笔记首先要把原文读懂读通,然后再把基本内容概括起来,文字力求简明扼要。开始学写提要的时候,可以参考书前的内容提要或论文的文摘,逐渐用自己的话来概括。这样做,为自己今后综合分析问题,撰写论文作了充分的准备。

在积累知识过程中,除了做读书笔记以外,读书卡片是多数做学问的人喜欢使用的一种方法,它不仅可以帮助我们记录、保存、积累资料,而且还便于整理、归类、分析。

读书卡片可以分提要卡和题录卡两种,通常是两种卡片混合做,即对于一般的论文或图书仅做题录卡,对于参考价值大的资料就做提要卡。题录卡片比较简单,只有篇名、作者和出处,没有内容说明,仅标上该书或论文的主题。需要时就按照所注明的出处去查阅原文。提要卡片除题录卡片上所著录的几项著录事项外，要将书中或论文中的基本原理、重要论点、统计数字、公式、图表等摘录在卡片上。

卡片积累到一定数量就要按主题分门别类，整理归纳，按一定顺序排列好，以便查索。

第三节　怎样撰写研究论文

每个大学生都要面临撰写研究论文的任务，因此如何写好研究论文是大家所关心的问题。真正的研究论文不仅包含对那个专题的井然有序的彻底的调查，而且还含有对那个专题的专心探究，并依据调查所得的材料提出新的见解，围绕论文的目的作出清楚的、符合逻辑的阐述。目前有为数不少的学生都为此而感到头疼，不知从何着手。这里介绍一种最常规的写作过程，其流程图为：

$$\boxed{确定命题} \rightarrow \boxed{检索文献} \rightarrow \boxed{积累资料} \rightarrow \boxed{加工资料} \rightarrow$$

$$\boxed{列出提纲} \rightarrow \boxed{撰写论文}$$

1. 确定命题　写文章先要明确主要议题，确定论文的中心思想。凡搞过研究工作的人都清楚，在从事研究工作或撰写论文前，选择命题是一项十分重要的工作。命题选定了，主攻方向就明确。一般情况下，一篇文章集中论述一个主题或一个论点，不宜主题太多，否则文章就显得松散，不利于深入阐述。确定命题时主要应考虑命题的可行性、客观性、实用性和创造性。具体应考虑如下几个方面：

①你本人是否感兴趣？并有一定的基本知识？

②所选的命题是否有一定的实际意义？是否有新颖性？

③你本人是否有能力完成所选命题的研究？

④有没有可能找到应有的参考资料？还是命题太新、太高深或面太窄无法找到相应的资料？

⑤在时间上、设备上、经费上能否得到必要的保证？

2. 检索文献　明确了中心议题，就要围绕这个议题查找有关的文献。主要需查阅的内容应该包括：

①所述主题的起源、发展、现状和今后趋势。

②所述主题的不同观点或学派。

③需要借鉴的论点、公式、数据、图表等。

在查阅过程中，对于所述主题的经典著作和代表作，以及该主题的权威人士的著作一定要阅读；同时，对于最近发表的有关论文也必须查阅。这样做，既可以知道该主题的最基本的知识和材料，又可了解最新发展动态。检索文献的方法请参阅第六章。

3. 积累资料　占有资料是写好论文的重要保证，积累资料的工作主要是做资料卡，这项工作是与第二阶段（检索文献）同时进行的，查到有关文献后，在阅读过程中就随手将需要的材料摘录在资料卡上，当把有关的主要文献全部阅读完毕后，所需的材料应该说基本上收集得差不多了。对于资料的积累不仅靠在写论文前的收集，更重要的是靠平时的积累，在该阶段只不过是对平时收集材料的补充和修正。在该阶段还包括收集自己做的或别人提供的实验数据和调查统计资料。

4. 加工资料　是否能加工好收集到的资料，是写好论文的重要关键。所谓加工资料就是首先将资料进行分门别类，然后按主题进行综合，对相同主题不同论点进行比较；对某些观点进行逻辑分析。要鉴别资料的可靠性，从事去伪存真、去粗存精的工作，必要时，还要对某些数据等进行验证，最后进行归纳。一般情况下，对于初写论文的学生这一阶段最困难，需要反复推敲、捉摸，也可以请导师帮助进行综合分析归纳。

5. 列出提纲　在加工资料的基础上,在着手写论文前,必须先列提纲。一般的研究论文的基本结构通常包括如下几个方面:

①论题的提出和发展史。

②论文的主题论点。

③论据说明。

④对论据的分析归纳。

⑤结论。

⑥注释和参考文献。

6. 撰写论文　有人说论文的写作提纲好比建筑物的框架,有了框架只要再添砖加瓦就可完成整幢建筑物了。撰写论文就是按写作提纲进行精加工。在写作过程中,要求文笔简洁明确,使读者一目了然;文章结构要严谨,部局组织要恰当合理,段落分明,观点鲜明;论据充足,符合逻辑。一篇高质量的论文不可能一蹴而就,必须反复修改。

思考题

1. 科学的读书方法应注意哪些方面?

2. 怎样做读书笔记?

3. 撰写研究论文应如何进行?

附录一 《中国图书馆图书分类法》简表

A 马克思主义、列宁主义、毛泽东思想

    1 马克思、恩格斯著作

    2 列宁著作

    3 斯大林著作

    4 毛泽东著作

    5 马克思、恩格斯、列宁、斯大林、毛泽东著作汇编

    7 马克思、恩格斯、列宁、斯大林、毛泽东的生平和传记

    8 马克思主义、列宁主义、毛泽东思想的学习和研究

B 哲学

    0 哲学理论

    1 世界哲学

    2 中国哲学

    3 亚洲哲学

    4 非洲哲学

    5 欧洲哲学

    6 大洋洲哲学

    7 美洲哲学

    81 逻辑学(论理学)

    82 道德哲学(伦理学)

    83 美学

    84 心理学

    9 无神论、宗教

C 社会科学总论

    0 社会科学理论与方法论

1 社会科学现状、概况

2 社会科学机关、团体、会议

3 社会科学研究方法

4 社会科学教学和普及

5 社会科学丛书、文集、连续性出版物

6 社会科学参考工具书

〔7〕社会科学检索工具书

8 统计学

91 社会学

92 人口学

93 管理学

〔94〕系统学（系统论、系统工程）

D 政治、法律

0 政治理论

1/3 共产主义运动、共产党

4 工人、农民、青年、妇女运动与组织

5/7 世界各国政治

8 外交、国际关系

9 法律

E 军事

0 军事理论

1 世界军事概况

2 中国军事

3/7 各国军事

8 战略、战术

9 军事技术

99 军事地形学、军事地理学

F 经济

173

66 芬兰 – 乌戈尔语系

67 闪 – 含语系

7 印欧语系

81 非洲诸语言

83 美洲诸语言

84 大洋洲诸语言

9 国际辅助语

I 文学

0 文学理论

1 世界文学

2 中国文学

3 亚洲文学

4 非洲文学

5 欧洲文学

6 大洋洲文学

7 美洲文学

J 艺术

0 艺术理论

1 世界各国艺术概况

2 绘画

29 书法篆刻

3 雕塑

4 摄影艺术

5 工艺美术

〔59〕建筑艺术

6 音乐

7 舞蹈

8 戏剧艺术

9 电影艺术

K 历史、地理

0 史学理论

1 世界史

2 中国史

3 亚洲史

4 非洲史

5 欧洲史

6 大洋洲史

7 美洲史

81 传记

85 考古学

89 风俗习惯

9 地理

N 自然科学总论

0 自然科学理论和方法论

1 自然科学现状、概况

2 自然科学机关、团体、会议

3 自然科学研究方法

4 自然科学教学与普及

5 自然科学丛书、文集、连续性出版物

6 自然科学参考工具书

〔7〕自然科学检索工具书

8 自然科学调查、考察

91 自然研究、自然历史

94 系统学(系统论、系统工程)

〔96〕情报学、情报工作

O 数理科学和化学

〔99〕人体形态学

R 医药、卫生

    1 预防医学、卫生学

    2 中国医学

    3 基础医学

    4 临床医学

    5 内科学

    6 外科学

    71 妇产科学

    72 儿科科学

    73 肿瘤学

    74 神经病学与精神病学

    75 皮肤病学与性病学

    76 耳鼻咽喉科学

    77 眼科学

    78 口腔科学

    79 外国民族医学

    8 特种医学

    9 药物学

S 农业科学

    1 农业基础科学

    2 农业工程

    3 农学(农艺学)

    4 植物保护

    5 农作物

    6 园艺

    7 林业

    8 畜牧、兽医、狩猎、蚕、蜂

9 水产、渔业

T 工为技术

　TB 一般工业技术

　TD 矿业工程

　TE 石油、天然气工业

　TF 冶金工业

　TG 金属学、金属工艺

　TH 机械、仪表工业

　TJ 武器工业

　TK 动力工程

　TL 原子能技术

　TM 电工技术

　TN 无线电电子学、电讯技术

　TP 自动化技术、计算技术

　TQ 化学工业

　TS 轻工业、手工业

　TU 建筑科学

　TV 水利工程

U 交通运输

　1 综合运输

　2 铁路运输

　4 水路运输

　〔8〕航空运输

V 航空、航天

　1 航空、航天技术的研究与探索

　2 航空

　4 航天(宇宙飞行)

　〔7〕航空、航天医学

X 环境科学、劳动保护科学(安全科学)

    1 环境科学基础理论

    2 环境综合研究

    3 环境保护管理

    4 灾害及其防治

    5 环境污染及其防治

    7 三废处理与综合利用

    8 环境质量评价与环境监制

    9 劳动保护科学(安全科学)

Z 综合性图书

    1 丛书

    2 百科全书、类书

    3 辞典

    4 论文集、全集、选集、杂著

    5 年鉴、年刊

    6 期刊、连续性出版物

    8 图书目录、文摘、索引

附录二 《中国图书馆图书分类法》、《杜威十进
分类法》、《刘国钧图书分类法》类目对照表

中图法	刘氏法	杜氏法	类目名称
A	11 – 19		马列主义、毛泽东思想
B	100 – 200	100 – 200	哲学
C	500 – 510,540	300 – 310	社会科学总论
D	570 – 580	320,340 – 350	政治、法律
E	590	355	军事
F	480 – 490,550 – 255	330,380,650	经济
G	520,890	370	文化、科学、教育、体育
H	800 – 809	400	语言、文字
I	801 – 880	800	文学
J	900	700	艺术
K	530,600 – 700	390,900	历史、地理
N	300	500	自然科学总论
O	310,330 – 340	510,530 – 540	数理科学和化学
P	320,350	520,550	天文学、地球科学
Q	360 – 390	500 – 590	生物科学
R	410	610	医药、卫生
S	430	630	农业科学

T	440	600	工业技术
U	442, 444,447	625－627 .1627.2	交通运确
V	447.5	629.1	航空、航天
Z	000	000	综合性图书

注:《刘国钧分类法》,系刘国钧先生编制的分类法,我国不少大学图书馆在采用《中图法》前入藏的中文图书大都采用此分类法。

《杜威十进分类法》系美国人麦维尔·杜威编制的对我国影响最大的外国分类法。许多大学图书馆在采用《中图法》前入藏的外文图书大都采用此分类法。

附录三 《美国国会图书馆图书分类法》基本大类表

A 总类、丛书 （General work，Polygraphy）

B 哲学、宗教 （Philosophy，Religion）

C 历史——辅助科学 （History——Auxiliary sciences）

D 历史与地理志（美洲除外） （History and topography except America'）

E—F 美洲 （America）

G 地理学、人类学 （Geography，Anthropology）

H 社会科学 （Social sciences）

J 政治学 （Political science）

K 法律学 （Law）

L 教育 （Education）

M 音乐 （music）

N 艺术 （Fine arts）

P 语言学及文学 （Language and literature）

Q 科学总论 （Science，general）

R 医学 （Medicine）

S 农业与矿业 （Agricultural Plant and mineral industry）

T 工艺学 （Technology）

U 军事学 （military science）

V 海事学 （Naval science）

Z 目录学与图书馆学 （Bibliography and library science）

注：这是美国图书馆最通用的图书分类法。

附录四 俄文－英文字母音译对照表

俄	英	俄	英	俄	英	俄	英	俄	英
А	A	Ж	Zh	Н	N	У	U	Щ	Shch
Б	B	З	Z	О	O	Ф	F	Ь	,
В	V	Й	I	П	P	Х	Kh	Ы	Y
Г	G	К	K	Р	R	Ц	TS	Э	E
Д	D	Л	L	С	S	Ч	Ch	Ю	YU
Е(Ё)	E	М	M	Т	T	Ш	Sh	Я	Y_a

附录五 拉丁字母与日文字母音译对照表

a		i イ		u ウ		e エ		o オ	
ka	カ	ki	キ	ku	ク	ke	ケ	ko	コ
sa	サ	shi	シ	su	ス	se	セ	so	ソ
ta	タ	chi	チ	tsu	ツ	te	テ	to	ト
na	ナ	ni	ニ	nu	ヌ	ne	ホ	no	ノ
ha	ハ	hi	ヒ	fu	フ	he	ヘ	ho	ホ
ma	マ	mi	ミ	mu	ム	me	メ	mo	モ
ya	ヤ			yu	ユ			yo	ヨ
ra	ラ	ri	リ	ru	ル	re	レ	ro	ロ
wa	ワ								
ga	ガ	gi	ギ	gu	グ	ge	ゲ	go	ゴ
za	ザ	ji	ジ	zu	ズ	ze	ゼ	zo	ゾ
da	ダ	ji	ヂ	zu	ヅ	de	デ	do	ド
ba	バ	bi	ビ	bu	ブ	be	ベ	do	ボ
pa	バ	pi	ビ	pu	ブ	pe	ベ	po	ボ
kya	キヤ			kyu	キユ			kyo	キヨ
sha	シヤ			shu	シキ			sho	シヨ
cha	チヤ			chu	チユ			cho	チヨ
nya	ニヤ			nyu	ニユ			nyo	ニヨ
hya	ヒヤ			hyu	ヒユ			hyo	ヒヨ
	ミヤ			myu	ミユ			myo	ミヨ
	リヤ			ryu	リユ			ryo	リヨ
	ギヤ			gyu	ギユ			gyo	ギヨ
	ヅヤ			ju	ヅユ			jo	ヅヨ
	ヒヤ			byu	ヒユ			byo	ヒヨ
	ビヤ			pyu	ビユ			pyo	ビヨ

（修正训令式ローマ字表记）

注:1. 对于外来语,应尽量接近原来语言的发音来表示。例如 ti fi di wi we wo

2. 长音符号不表示。joho→joho

3. 拨音均用 n 来表示,Gumma→Gunma。但是,把拨音用 n 来表示的时候,其后系母音时,或者是有必要把书行隔开时,要使用一个" ' "符号。例如 sen' i 纤维,shin' yo 信用。

4. 促音是用重复子音来表示。但是,只限在 ch 的音时,前面要加一个 t,如 gatchi(合致)。

参考文献

1. 陈泽延等主编:大学图书馆使用指南,武汉工业大学出版社,1989 年.
2. 刘久昌,宁国誉著:怎样利用图书馆,书目文献出版社,1981 年.
3. 黄万新编著:怎样利用图书馆,天津人民出版社,1987 年.
4. 夏勇、周子荣编:西文编目实用教程,浙江大学出版社,1989 年.
5. 钱秋荪著:美国大学图书馆使用指南,三联书店,1987 年.
6. 全国高等学校图书馆工作会议文集,全国高等学校国书情报工作委员会秘书处编,大连工学院出版社,1987 年.
7. 中国图书馆图书分类法,第三版,中图法编委会编,书目文献出版社,1990 年.
8. 普通图书著录规则:GB3792.2 – 85,国家标准局.
9. 傅椿徽主编:图书馆文献编目,武汉大学出版社,1989 年.
10. 黄俊贵、罗健雄编著:新编图书馆目录,书目文献出版社,1989 年.
11. 汤生洪:浅谈期刊工作,书目文献出版社,1984 年.
12. 中国科技情报所编:国外科技文献资料的检索,科学技术文献出版社,1977 年.
13. 林尧泽等合编:怎样检索科技文献,科技文献出版社,1979 年.
14. 高崇谦编译:科技情报工作概论,科技文献出版社,1980 年.
15. 沈家模、许培基编著:科技情报文献工作常识,上海科技文献出版社,1979 年.
16. (苏)米哈依诺夫著:科学交流与情报学,徐新民等译,科技文献出版社,1980 年.
17. (英)丹·格罗根著,彭淮源等译:科技文献概论,化工出版社,1990 年.
18. Harrison,C. and Beenham,R. Basic of Librarianship,2nd ed. London,Clive Bingley Ltd,1985.
19. Katz, W. A. Introduction to Reference Work, 5th ed. New York,

McGraw – Hill, 1987.

20. Gates. J. K. Guide to the Use of Libraries and Information Sources, 6th ed. New York, MeGraw – Hill, 1989.

21. Kumar, K. Reference Service, 4th ed. New Delhi, Vikas, 1984.

后　记

　　本书由我们三位编著者分工合作编写:第二章"大学图书馆概述"、第四章"图书馆藏书的组织与检索"由董新华撰写;第五章"期刊的管理与利用"、第六章"各类文献的检索"由川中撰写;第一章"引论"、第三章"图书的类型与特征"、第七章"参考工具书的利用"、第八章"治学与撰写研究论文的方法"由于湖滨撰写。全书由于湖滨统一修改定稿。

　　本书在编写与出版过程中,曾得到浙大图书馆馆长缪家鼎教授的悉心指导,也得到浙大教材科科长宋水孝副教授的热情帮助和大力支持,在此对他们深表谢意。

编著者

1992. 10